# Oft denke ich an euch

## oder:
## Brief aus Massachusetts

Bibliografische Information der Deutschen
Nationalbibliothek:
Die Deutsche Nationalbibliothek verzeichnet
diese Publikation in der Deutschen
Nationalbibliografie; detaillierte
bibliografische Daten sind im Internet
über dnb.d-nb.de abrufbar.

TWENTYSIX – der Self-Pushing-Verlag
Eine Kooperation zwischen der Verlagsgruppe
Random House und Books on Demand
© 2019 Weniger, Christa
Herstellung und Verlag:
BoD – Books on Demand, Norderstedt

ISBN: 9783740732035

## Vorwort

Schon seit jeher haben Menschen ihr Land verlassen. Sei es, um kriegerischen Befehlen zu gehorchen, sei es, um ein besseres Leben anzustreben. Bereits im frühen 17. Jahrhundert folgten die Pilgrimfathers dem Ziel nach religiöser Freiheit. Freiheit und Eigentum zu erlangen waren für viele Europäer Antrieb, ihrer Heimat den Rücken zu kehren, um im goldenen Westen neu zu beginnen.

Für viele war es das westliche Europa, wo Arbeit und vermeintlicher Wohlstand durch das Abteufen der Zechen des Ruhrgebiets lockten.

Manche Menschen suchten aber eine neue Zukunft im gelobten Amerika.

Am 27. 7. 1881 betrat die Familie Adam aus dem damaligen Schlesien in New York das amerikanische Festland.

Der Vater Wilhelm war damals einunddreißig Jahre, seine Ehefrau dreiundzwanzig Jahre und ihr Erstgeborener dreieinhalb Jahre alt.

Sie fanden eine neue Zukunft in Adams, Massachusetts.

Der Ort, nach dem Cousin des zweiten amerikanischen Präsidenten - Samuel Adams – benannt, hatte 1880 rund 5.600 Einwohner und 1890 bereits rund 9.200.

Er liegt nord-westlich zwischen New York und

*Henriette und Wilhelm Adam mit sechs ihrer Kinder um 1907*

Boston am Fuße des Mount Greylock.
Aller Anfang ist schwer!
Dieses Sprichwort traf besonders für die Auswanderer zu. Sie kannten niemanden und auch die Sprache war ihnen fremd.
Sie erhielten ein Stück Land, das sie sehr gut nutzten.
Henriette trug mit dem jahrzehntelangen Anbau vieler Gartenfrüchte und der Hühnerzucht zum Lebensunterhalt bei. Ihr Ehemann arbeitete bis zu seinem fünfundsiebzigsten Lebensjahr in den Webereien des Ortes, wegen wirtschaftlicher Krisen zeitweise in Teilzeit. Henriette hielt das Geld zusammen und so brachten sie es während ihres

arbeitsreichen Lebens zu einem gewissen Wohlstand.

Sie unterstützten ihre Verwandten in der alten Heimat Schlesien durch Geldzuwendungen.

Lebensmittel- und Kleidungspakete senden sie nach Europa. Besonders verbunden sind sie der verwitweten Schwester Luise, die 1910 mit ihren Kindern nach Westfalen zog auf der Suche nach Arbeit und Auskommen.

Den Tod dreier ihrer insgesamt sieben Kinder mussten die Eheleute Henriette und Wilhelm verschmerzen.

1917 trat Henriette in die Germania Frauen Loge, Nr. 2 ein und war drei Jahre deren Präsidentin.

Man brachte sich in das amerikanische Leben ein, jedoch war die verlassene Heimat unauslöschlich in ihren Gedanken verwurzelt.

Von ihren Lebensbedingungen und ihren Meinungen zu politischen und wirtschaftlichen Verhältnissen schrieb sie an ihre Schwester Luise.

Sie lasen deutsche Zeitungen und waren daher stets informiert. Auch Wilhelm hielt den Kontakt zu seiner Schwägerin bis zu deren Tod 1933 aufrecht.

Nach dem Tode der Eheleute Henriette und Wilhelm schreibt deren Schwiegertochter Selma weiterhin in deutsch an Luises Tochter Emilie - ihre angeheiratete Cousine.

So kommen Zeitdokumente von rund 50 Jahren zusammen.

Der Kontakt wurde nur durch die Zeit der beiden Weltkriege unterbrochen.

Er endet 1958, als der älteste Sohn Wilhelm jun., der inzwischen einundachtzig Jahre alt ist, nicht mehr schreiben konnte.

*Luise Schroth mit ihren Kindern Ida, Emilie und Paul um 1900*

Adams, den 5. Juni 1910
Liebe Schwester!

Deinen Brief und die Karte habe ich erhalten und habe mich sehr über das Foto gefreut. So konnte ich doch wieder einmal die Deutschländer sehen, aber lieber wäre mir, ich könnte einmal mündlich mit euch sprechen.

Liebe Luise, du schreibst, dass ich vielleicht böse wäre, weil du nicht daheim warst, als Frau Stammwitz zu euch kam. Da kann man doch nichts machen. Übrigens hat deine Nichte sie gut aufgenommen. Es hat ihr sehr gut bei Martha gefallen.

Sie erzählte, dass sie so hübsche Töchter hat.

Liebe Luise, ich habe mich gewundert, dass du deine Heimat in Westfalen genommen hast. Meine Liebe, es tut mir sehr leid, dass du von deinen Kindern abhängig bist. Da kann man sich vorstellen, dass eine Mutter alles für ihre Kinder tut, aber die Kinder nicht für die Eltern. Du hättest doch gewiss nach dem Tode deines Mannes wieder heiraten können. Manchmal gibt es doch noch einen guten Mann darunter. Da hättest du es bestimmt besser gehabt.

Natürlich weiß ich von diesen Dingen gar nichts.

Mein Mann war auch immer krank.

In diesem Winter war er 60 Jahre alt und da lässt der Mensch halt nach. Ich fühle mich immer noch gut, bis auf Kleinigkeiten, und die werden nicht gezählt. Mir sieht man meine zweiundfünfzig Jahre nicht an, behaupten die Leute jedenfalls.

Wie sehr wünsche ich, dich und Auguste noch einmal wieder zu sehen. Da würden wir unseren Herzen und Zungen freien Lauf lassen. Unser letztes Wiedersehen ist nun schon 22 Jahre her. Das ist eine lange Zeit!

Liebe Schwester, ist denn der Karl noch nicht verheiratet?

Ich bin jetzt auch Großmutter geworden. Mein zweiter Sohn, Max, und seine Frau haben ein Mädchen bekommen. Wilhelm, der Älteste, hat noch keine Kinder. Mir ist es egal.

Dank kann man von Kindern nicht erwarten, das weißt du nur zu genau. Beklagen kann ich mich allerdings nicht über meine Söhne.

Die lassen nichts auf uns kommen.

Wenn wir jedoch bei unseren Schwiegertöchtern leben müssten, sähe es schlecht aus.

Bevor ich jetzt beginne zu klagen, werde ich lieber schließen.

Bis zum nächsten Kontakt verbleibe ich deine Schwester Henriette.

Wilhelm lässt auch vielmals grüßen.


Adams, den 28. September 1913

Meine liebe Schwester!

Deinen Brief und die Karte haben wir erhalten und bedauern von ganzem Herzen, dass dich ein solches Unglück getroffen hat. Da haben die beiden guten Kinder den gleichen Tod gefunden. * Wenn beide nun Krüppel wären, was hätten sie dann noch vom Leben? Darum gönnen wir ihnen die ewige Ruhe und lassen sie in Frieden schlafen. Sie sind den Weg bereits gegangen, den wir noch vor uns haben.

Liebe Schwester, du musst dich halt über den Verlust, den du erlitten hast, hinweg trösten. Es hat so sollen sein. Wie hat sich Friedrich über seine Frau ärgern müssen! Sein Leben war vergiftet.

Und es hätte solange kein Ende gefunden, bis eine endgültige Lösung erfolgt wäre. Selbst, wenn er geschieden und wieder verheiratet gewesen wäre, gäbe es keine Garantie für ein glückliches Leben. Liebe Schwester, du schreibst, dass Karl ein Säufer ist und dass du dich über ihn ärgern musst. Das tut mir sehr leid. Ich bin doch seine Patin.

Trinken tun meine Söhne nicht! Der Älteste, Wilhelm, der noch bei uns lebt, trinkt gar nichts. Die anderen drei trinken ein Glas Bier, aber betrinken sich nicht. Genau wie mein Mann. Jetzt schon gar nichts, weil er sich zurzeit nicht wohl fühlt.

Nun, liebe Schwester, muss ich dir mitteilen, vielleicht hast du es ja in der Zeitung gelesen, dass Augustes Neffe am 5. April seine vier Kinder und sich selbst erschoss. Er hatte die

Schwindsucht. Und weil er nicht mehr arbeiten konnte, musste seine Frau das tun. Um seine Leiden zu vergessen, ging er manchmal aus.

Zwei Tage vor der Tat sollen sie sich sehr gestritten haben und die Frau soll ihm vorgehalten haben, dass sie seine schwind-süchtige Brut erhalten muss.

Das soll ihn zur Tat getrieben haben.

Ich wollte zur Beisetzung fahren, aber wir wären zu spät gekommen.

Es muss doch herzbrechend gewesen sein, wenn eine Mutter alles auf einmal verliert. Es waren zwei Jungen und zwei Mädchen im Alter vom fünf bis zwölf Jahren. Ein Freund von uns hat uns alles genau geschrieben.

Die einen geben ihr die Schuld, die anderen ihm. Als Trinker ist er nicht bekannt. Er hat stets, solange er konnte, gearbeitet.

Als ich von der Tat hörte, war ich fast eine Woche lang krank. Es tut einem schon so weh, wenn man ein Kind verliert. Wie viel schlimmer ist es in diesem Fall.

Der Mann muss halb von Sinnen gewesen sein, um eine solche Tat auszuführen.

Nun, liebe Schwester, schreibe ich dir etwas von unserem Wetter.

Die Monate März und April waren schön warm. Die Bäume blühten in voller Pracht. Dann wurde es wieder kalt und in einer einzigen Nacht war die Blüte erfroren. So gab es keine Früchte. Keine Kirschen, Pflaumen, Äpfel und Aprikosen, nur ein Baum trägt ein paar Birnen. Den ganzen Sommer hat es zu wenig geregnet.

Die Kartoffeln sind enorm teuer und Fleisch kann man bald gar nicht mehr bezahlen.
Wir sind ja keine großen Fleischesser, aber um acht Mark muss ich für Fleisch rechnen. Die Butter kostet nach eurem Geld 1,70 Mark. Alles andere ist ebenfalls so teuer geworden. Durch die Trockenheit gibt es auch kein Heu. Das Wasser ist jetzt so knapp, dass es halbe Tage lang abgestellt wird.
Ich war vor zwei Wochen auf einer Farm.
Die hatten gar kein Wasser und mussten das Vieh eine Meile weit zur Tränke treiben. Sie

hatten kaum genug zum Kochen. Wäsche konnte die Frau schon vier Wochen lang nicht waschen. Aber jetzt hat es zwei Tage lang geregnet.

Liebe Schwester, ich habe mich über dein Bild gewundert. Du siehst dir ja gar nicht mehr ähnlich! Ich glaubte, die Auguste vor mir zu sehen.

Du bist so stark geworden! Du wirst dasselbe auch von mir denken. Man verändert sich halt.

Du bist jetzt siebenundfünfzig Jahre alt und ich fünfundfünfzig.

Ich will nun schließen und sende dir und deinen Kindern viele Grüße.

Auch von Wilhelm beste Grüße.

*\* 13. 4. 1913 verunglückte Friedrich Schroth, Sohn von Luise Schroth. tödlich auf der Zeche in Dorsten. Auch ein Sohn von Henriette Adam, Walter Adam, verunglückte am 8. 9. 1912 tödlich bei einem Autounfall.*

Adams, den 27. November 1914

Meine liebe Schwester und Verwandten,

euren lieben Brief haben wir am 23. November erhalten. Ich hatte fast die Hoffnung aufgegeben, Post von euch zu bekommen.

Meine Lieben, ja es ist ein wahrer Jammer, dass so viele Menschen hingeschlachtet werden. Mir bleibt manchmal fast das Herz stehen, wenn wieder so viele Tausende gefallen und verwundet worden sind. Das „New-York-Morgen-Journal" ist wohl die einzige Zeitung, der man etwas glauben kann. Die englischen Zeitungen bringen meist lauter Siegesmeldungen von den Verbündeten. Ein paar Tage später sieht es dann schon wieder anders aus.

Da habt ihr Recht, der Krieg bringt so manches Unheil mit sich! Auch hier in Amerika geht es der Wirtschaft sehr schlecht! Meine Leute haben den ganzen Sommer hindurch nur vier Tage wöchentlich gearbeitet. Aber jetzt, wo der Winter vor der Tür steht, wird nur drei Tage lang gearbeitet. Da kannst du dir denken, dass es auch in Amerika schlecht geht.

Das kommt alles vom Krieg!

Und zudem wird man von vielen englischen Familien, die früher immer freundlich zu den Deutschen waren, gemieden. Sie lassen es uns spüren, dass Krieg herrscht.

Dass wir stets Partei für die deutsche Seite beziehen, ist wohl selbstverständlich. Obwohl wir schon seit dem Jahr 1887 amerikanische Bürger sind, fühlen wir deutsch.

Liebe Schwester, in Amerika gibt es nicht viele Soldaten.

Sie können nicht ein so gut ausgebildetes Heer wie Deutschland stellen. Meine Jungen sind keine Soldaten so wie deine. Sie haben dem Werben nicht nachgegeben, denn es ist kein Zwang. Wer zum Militär möchte, geht freiwillig. Nur mein Zweitältester, der Max, hat sich freiwillig ohne unsere Erlaubnis gemeldet.

In Adams gibt es eine Kompanie. Da wird zwei Mal im Monat abends zwei Stunden exerziert und jedes Jahr eine Übung abgehalten. Nach drei Jahren sind sie mit dem Militärdienst fertig. Das hat den Vorteil, dass sie ihrer Arbeit weiterhin nachkommen können.

Daran kannst du sehen, welch geübtes Heer Amerika hat.

Unser Max war Sergant. Aber er hat schon mit dem Englischen keine Schwierigkeiten gehabt und kann gut lernen. Er liest viel. Sein Interesse gilt geschichtlichen Themen.

Auf dem Gebiet kann er alle übertrumpfen.

Die Kinder können doch alle besser englisch als deutsch.

Lesen und schreiben können sie gar kein deutsch.

Sie haben doch nur das gelernt, was wir zu Hause gesprochen haben. Ich spreche mit den Kindern sehr viel englisch, denn mein Schwiegersohn ist doch kein Deutscher. Seine Mutter war Engländerin und sein Vater Franzose.

Aber er sagt niemals, was er denkt. Er hält sich aus allen politischen Diskussionen heraus.

Ja, liebe Schwerster, wir glauben gern und alle in Amerika Lebenden hoffen, dass ihr zu Weihnachten die Siegesglocken läuten hören möget.

Es ist des Elends genug!

Unsere englischstämmigen Nachbarn können manchmal gar nicht glauben, dass die Deutschen und Österreicher immer so siegreich aus den Kämpfen hervorgehen. Gerade habe ich wieder die Zeitung bekommen und kann lesen, dass die Österreicher 40.000 Russen bei Lodz gefangengenommen haben.

Wie viele von den tapferen Soldaten mögen ihr Leben eingebüßt haben, frage ich mich.*

Ja, liebe Schwester, auch wir denken und sprechen täglich von euch.

Wir wünschen, dass alle deine Lieben die Heimat wieder sehen mögen. Es ist für alle schwer, ihre Angehörigen in Feindesland begraben zu müssen.

Aber wir können es nicht ändern.

Langsam wird es Winter. Wir haben bereits eine Schlitterbahn gehabt, aber gestern war es so warm, dass der Schnee schnell taute.

Unser deutschstämmiger Postmeister sagte, dass es zu gefährlich sei, Geld nach Deutschland zu schicken und es besser wäre, es zu unterlassen.

Gesund sind wir noch alle und hoffen das Gleiche auch von euch.

Und nun, meine Lieben, wünsche ich euch ein gesundes Weihnachtsfest und hoffe, dass bald Frieden sein wird.

Mit herzlichen Grüßen schließe ich mein Schreiben

deine Schwester und Schwager Wilhelm und Henriette Adam.

*Am 6. Dezember 1914 gaben die russischen Truppen die zuvor verbissen verteidigte Stadt Lodz auf.*

Renfrew/Adams, den 20. Juni 1919
Liebe Schwägerin und Kinder!
Mit Freuden ergreife ich heute die Feder, um euch, meinen Lieben, wieder einmal ein paar Worte des Trostes nach so langer Leidenszeit übersenden zu können.

Hoffentlich seid ihr alle noch am Leben.

Sobald wir wissen, dass du, liebe Schwägerin, noch in Westfalen wohnst, werden wir dir ein paar Dollar schicken. Du wirst das Geld sicher nötig gebrauchen.

Wir hatten alle nicht gedacht, dass es so kommen würde. Aber glaube mir, liebe Schwägerin, aus der unsäglichen Zeit, aus den Trümmerhaufen des Unglücks wird auch wieder etwas Gutes, Besseres entstehen. Das Alte fällt und neues Leben wächst aus den Ruinen.

Liebe Luise, schreibe uns, was aus allen geworden ist, ob deine Kinder alle glücklich heimgekehrt sind, ob sie verwundet wurden oder in Gefangenschaft gerieten.

Hat die Influenza bei euch auch so viele dahingerafft? Bei uns waren es meistens junge Leute, die an der Krankheit starben.

In den Soldatenunterkünften war es auch sehr schlimm!

In den Krieg musste nur unser Jüngster.

Er war ein Jahr im Frankreich. Fast an allen Kriegsschauplätzen von Nord bis Süd. Er hat niemanden erschießen müssen, da er Fahrer war. Vom Automobil aus hat er Frankreich kennengelernt.

Viele Grüße von deinem Schwager Wilhelm.

*Henriette schreibt weiter:*

Liebe Schwester,

nun auch ein paar Zeilen von mir! Wie oft habe ich in den vergangenen Jahren an dich denken müssen. Du hattest ja so viele Söhne im Feld! Wenn der Krieg noch länger gedauert hätte, so wären die anderen sicher auch noch rekrutiert worden.

Ich habe mich so abgehärmt, dass meine Haare schneeweiß geworden sind. Es ist wirklich hart, wenn Deutsche gegen Deutsche gehen müssen!

Mein Sohn hat mit vielen Gefangenen gesprochen. Darunter waren viele aus Schlesien. Er hat ihnen immer Tabak gegeben.

Was müsst ihr Lieben nicht alles während der letzten viereinhalb Jahre durchgemacht haben! Es wird jetzt doch wohl alles ein wenig besser werden bei etwas sinkenden Lebensmittelpreisen. Aber die Abgaben für die Kriegsschuld sind sehr hoch.

Auch bei uns ist alles sehr teuer geworden.

Ein Pfund Butter kostet 3 Mark, eben soviel 15 Pfund Kartoffeln.

Für Fleisch und Mehl muss man die Geldbörse auch weit öffnen.

Der Preis für Schuhe und Garderobe hat sich vervierfacht im Gegensatz zu Vorkriegszeiten!

In unserem Ort streiken die Arbeiter für mehr Lohn.

Bleibt zu hoffen, dass die Arbeitsniederlegungen erfolgreich sein werden.

Liebe Schwester und Kinder, seid so gut und schreibt uns recht bald und viel.

Seid nun tausend Mal gegrüßt von

deiner Schwester Henriette und Schwager Wilhelm Adam.


Adams, den 8. 9. 1919

Liebe Schwägerin und Kinder! In bestem Wohlsein haben wir deinen so lieben Brief und die Karte erhalten. Wir freuen uns sehr, dass ihr noch alle am Leben seid bis auf deinen lieben Sohn Karl.

Ich habe an meine Schwestern in Schlesien geschrieben, habe aber bis jetzt noch nichts von ihnen erfahren können. Ob sie noch am Leben sind, frage ich mich oft. Sie werden wohl in dieser schweren Zeit gestorben sein. Ich werde nächstes Jahr siebzig und sie sind vier und acht Jahre älter als ich.

Solltest du, liebe Schwägerin, etwas von ihnen in Erfahrung bringen können, so sei so gut und teile es uns im nächsten Brief mit.

Wir hätten gern etwas für dich getan, aber es ging nicht! Die Post nahm während des Krieges nichts  an, weder Geld noch Pakete. Aber jetzt ist wieder alles freigegeben.

Deshalb haben wir etwas zusammengepackt. Wenn du diesen Brief erhältst, wird das Paket wohl schon angekommen sein.

Die Lebensmittel sind jetzt doppelt so teuer als vor dem Krieg. Vieles gibt es noch nicht wieder zu kaufen.

In diesem Sommer war das Wetter sehr schön und so hoffen wir auf eine gute Ernte.

*Weiter schreibt Henriette:*

Liebe Schwester und Kinder,

wie habe ich mich gefreut, nach so unendlich langer und schwerer Zeit eine Nachricht von euch zu empfangen. Was müsst ihr alle gelitten haben! Und das Darben hat kein Ende. Wir in Amerika glaubten da schon, uns ginge es nicht gut. Dabei hatten wir von allem genug, nur das Brot wurde mit schlechterem Mehl gebacken. Aber ich war zufrieden und dachte stets an euch. Wenn ihr dieses Brot gehabt hättet, würde ihr geglaubt haben, es seien Semmeln.

Ihr schreibt, dass alles so teuer ist. Das ist bei uns genauso. Für ein Paar gute Schuhe muss man zwölf bis fünfzehn Dollar bezahlen.

*Weihnachten im ersten Weltkrieg – in der Mitte sitzend Max Schroth*

Zucker gibt es gegenwärtig nicht, aber wir hoffen bald welchen zu bekommen.

Ich wollte dir Geld schicken, aber die Post nimmt keines an. Da noch immer nicht alles in Ordnung ist, garantieren die Banken auch für nichts. So habe ich dir zwei Pakete mit jeweils elf Pfund Inhalt geschickt. So viel ist erlaubt. Aber man darf noch lange nicht alles schicken, auch keine Schuhe.

Bitte schreibe mir, liebe Schwester, im nächsten Brief was ihr am notwendigsten braucht. Und für die Kinder - wie alt sind sie? Ich hoffe, dass die Pakete in bester Verfassung ankommen.

Liebe Schwester, du fragst, ob wir das Bild erhalten und ob mein Schwiegersohn wieder zurückgekehrt ist. Ja, sie wohnen jetzt bei uns im Haus. Sie haben zwei Kinder. Der Junge wird sieben und das Mädel zwei Jahre alt. Jetzt geht es dem Schwiegersohn wieder besser.

Es tut mir sehr leid, dass der Karl sein Leben hat lassen müssen, aber da ist es gut, dass er keine Familie hinterlässt.

Es sind heute gerade sieben Jahre, dass ich meinen lieben Sohn Walter durch das Unglück verlor. Aber die Zeit heilt alle Wunden und so bin ich froh, dass der Richard wieder daheim ist.

Um den habe ich schrecklichen Kummer gehabt.

Meine Haare sind schneeweiß geworden.

Was musst du, liebe Schwester, da erst durchgemacht haben! Da waren so viele deiner Jungen fort! Es ist gut, dass der Krieg vorüber ist.

Der Richard war an vier Fronten.

Er war zwei Monate in den Ardennen, vier Wochen bei Verdun, bei Nancy und im Elsass. Er war bei der 35. Division und hätte es im November nicht den Waffenstillstand gegeben, wäre er nach Metz gekommen. Er sagt, dann hätte er seine Heimat nicht mehr wiedergesehen. Die Bilder, die ihr geschickt habt, liebe Schwester, da sieht man, dass ihr alle bekümmert ausseht. Ich schicke dir auch ein paar von uns mit.

Das ist der Richard auf dem Pferd.

Er war zuerst bei der Kavallerie. Dann kam er zur Motor-Kompanie.

Ich hätte noch viel zu schreiben, aber ich habe euch einen Artikel aus der Zeitung geschnitten. Da könnt ihr euch einen kleinen Begriff davon machen, wie die Leute hier hinter das Licht geführt worden sind.

Wir haben wohl keine Zeitung in den Händen gehabt, wo den Deutschen nicht die größten Schimpfnamen und die größten Gräueltaten nachgesagt wurden.

Wenn wir einmal etwas erwiderten, da fragten die Engländer sofort, warum wir hergekommen wären? Bei mir kamen sie aber damit nicht an. Ich fragte gleich zurück, warum sie denn hergekommen seien; doch wohl, weil sie die englische Knechtschaft los sein wollten! Die Amerikaner waren am besten. Die Franzosen und Italiener, die sind auch schlecht. Die taugen nicht viel in Friedenszeiten, viel weniger in Kriegszeiten.

Der Richard hat Bekanntschaft mit einem Gefangenen gemacht. Der war aus Berlin. Er war ein Mann der zweiten Reserve.

Richard sagte, er sei über fünfundfünfzig Jahre alt gewesen. Dem hat mein Richard immer etwas zugesteckt, wie Tabak und Schokolade, auch Zigaretten. In Berlin war er Hotelangestellter. Der hat auch drei Jungen im Feld gehabt.

Sind bei euch die Gefangenen alle wieder fort? Es muss doch in Deutschland schrecklich viel Kummer während der viereinhalb Jahre Krieg gegeben haben. Sag deinen Söhnen Paul und Heinrich, ich würde mich sehr freuen, wenn sie mir einmal etwas von ihren Kriegserlebnissen mitteilen würden. Vielleicht möchten sie auch nicht mehr daran erinnert werden. Mein Sohn will nicht darüber sprechen, denn er hat Frankreich satt bekommen und genug Elend sehen müssen. Es hat ihn immer gefroren, wenn sie die armen Jungen auf die großen LKW laden mussten.

Bitte, schreib uns bald, damit wir wieder etwas schicken können. Seid tausendmal gegrüßt, ihr Lieben. Auf ein persönliches Wiedersehen müssen wir einstweilen verzichten! Nun bleibt alle gesund. Hoffentlich geht es deinem Enkelkind wieder besser! Wir sind Gott sei

Dank alle gesund und munter und hoffen dasselbe auch von euch.
Bis zum nächsten Mal grüßen dich, liebe Schwester, und deine Angehörige deine treue Schwester Henriette und Wilhelm Adam.

Renfrew/ Adams, den 30. November 1919
Liebe Schwägerin und Kinder,
deinen lieben Brief und die Karten haben wir am 26. November erhalten. Wir freuen uns, dass ihr alle gesund seid. Hoffentlich werdet ihr den bösen Winter glücklich überwinden. Wenn es möglich wäre, würden wir mit allem aushelfen: Kleidern, Kohlen und Lebensmitteln.

Jedoch, wie können wir es zu euch gelangen lassen?

Liebe Schwägerin, du hast gewiss viel Zoll für die beiden Pakete zahlen müssen.

Das ist doch kein Geschenk mehr!

Es ist nicht recht, dass darauf Zoll erhoben wird. Deshalb haben wir beschlossen, dir zu Weihnachten ein paar Mark zu senden. Die Lebensmittel sind bei uns über die Hälfte in die Höhe gegangen, nicht etwa, weil nicht genug da war, oh nein! Aber die Millionäre haben im Krieg gegen euch noch nicht genug Millionen gemacht, sie rupfen auch alle Arbeiter im eigenen Land. Amerika war euer größter Feind in diesem Krieg.

Zurzeit ist das Wetter sehr veränderlich. Einen Tag warm und am anderen kalt. Heute ist beinahe ein Sommertag.

Wir haben Tür und Fenster geöffnet. Bisher hatten wir keinen Schnee, aber ein Sturm kann alles verändern. Der ganze Sommer war durchweg sehr nass.

Die Kartoffeln verfaulen jetzt alle im Keller. Die, die wir von unserem Stück Land am Hügel geerntet haben, sind alle gut. Gut ist auch, dass wir uns alles selbst ziehen können.

Die Post nimmt, solange kein Friedensvertrag unterzeichnet ist, kein Geld an.

Überhaupt ist alles verhasst, was deutsch ist.

Hier in Adams sind die Leute etwas gemütlicher, aber an vielen Orten wurden die Deutschen schrecklich tyrannisiert.

Ich werde später, wenn Gras darüber gewachsen ist, mehr davon berichten. Wir sind nicht sicher, ob die Briefe geöffnet werden. So hat uns die Deutsche Gesellschaft in New York den Gefallen getan und wird dir das Geld mit der Post übermitteln. Wir wollen hoffen, dass es glücklich in deine Hände gelangen mag.

Mit tausend herzlichen Grüßen an dich, liebe Schwägerin und an deine Kinder, werde ich nun schließen.

Ein gutes Weihnachtsfest und ein hoffentlich besseres neues Jahr.

Mutig, mutig, liebe Brüder
weichet nicht verzagt zurück.
Hinter jenen Dornenhöhen
wartet unser noch ein Glück.
Darum lasst uns weitergehen!
Gebt das bange Sorgen auf.
Morgen geht die Sonne wieder
freundlich an dem Himmel auf.

Wir verbleiben deine Schwester Henriette und Schwager Wilhelm Adam.

Renfrew/ Adams, den 16. 4. 1920
Liebe Schwägerin Luise!
Heute schreibe ich euch, weil ich mir Sorgen um euch mache, da es doch in Westfalen so unruhig zugeht. Auch die Franzosen wollten

euch einen Besuch abstatten, aus dem glücklicherweise nichts geworden ist. Man könnte meinen, sie wollten Deutschland noch ein paar Provinzen wegnehmen. Wären sie zu euch gelangt, gäbe es natürlich kein Rein- und Rauskommen mehr.

Henriette und ich haben dir noch ein paar Mark hinüber gesendet.

Es ist so eine Art Spekulation.

Wir hoffen, dass sich die Valuta bald bessern wird. Jetzt steht die Mark bei 2 Cent. Während man nach Weihnachten noch für 11 Dollar 25 Cent 1000 Mark bekam, muss man jetzt 16 Dollar dafür aufwenden.

Für dich haben wir 15 Dollar eingezahlt. Wenn es dir möglich ist, behalte sie eine Weile. Vielleicht bekommst du später mehr für dein Geld.

29

Henriette möchte gern Auguste 200 Mark davon zukommen lassen. Sie ist doch auch eure Schwester. Henriette legt für Auguste ein paar Worte bei und bemerkt darauf, dass ihr beide nur 200 Mark erhalten hättet. So wird sie sich besser zufrieden stellen. Wir haben schon lange auf Post gewartet, aber die Verbindung zwischen Amerika und Deutschland muss immer noch sehr mangelhaft sein.

Amerika hat den Frieden mit Deutschland immer noch nicht unterschrieben, hat immer noch keinen Friedensvertrag geschlossen. Wir glauben, es wird sich wohl nicht recht lohnen und da werden sie es bis zum nächsten Krieg lassen. Die Herren Senatoren haben keine Eile, die drängt es nicht. Mit dem Einstieg in den Krieg waren sie schneller.

Da waren sich alle einig!

In diesem Winter haben wir so viel Schnee im Hof, dass wir nicht wissen wohin damit. Die Haufen türmen sich acht Fuß hoch.

Dass wir in Amerika nichts Alkoholisches mehr zu trinken bekommen, werdet ihr wohl wissen.

Fünfundvierzigtausend Leute haben einhundert Millionen über den Löffel barbiert. Ihr werdet euch fragen, was wir für Leute sind, dass so etwas möglich ist. Und ihr habt recht!

Jetzt sollen Tabak und Kaffee an die Reihe kommen. Da haben die Frauen gesagt, dass sie

sich das nicht einfach gefallen lassen wollen.
Recht so! *

> Gib und vergiss was du getan.
> Gott wird es nicht vergessen!
> Er sieht´s aus seinem Himmel an
> und wird dir´s wieder messen.
> Wohltaten, still und rein gegeben,
> sind Tote, die im Grabe leben,
> sind Blumen, die im Sturm bestehen,
> sind Sterne, die nicht untergehen.
>
> *W. A.*

*Henriette schreibt:*

Liebe Schwester und Kinder, nun auch ein paar Zeilen von mir.

Ich habe euch wieder zwei Pakete geschickt. Im ersten ist Schinken, Fett und ein Säckchen Bohnen. Die zwei Paar weißen Strümpfe sollen für die Kleine deiner Tochter sein und die zwei Paar schwarzen für Dich. Im zweiten ist Oberbekleidung.

Hoffentlich erreicht dich alles unversehrt und vollständig.

Sei nun herzlichst gegrüßt von deiner Schwester Henriette und Schwager Wilhelm.

*\* Das landesweite Verbot der Herstellung, des Transports und des Verkaufs von Alkohol wurde am 16. 1. 1919 verabschiedet und trat ein Jahr später in Kraft.*

*Trotz des Alkoholverbots wurde wenig dafür getan, das Gesetz durchzusetzen.*

*Das Konsumieren von Spirituosen wurde illegal, blieb jedoch straffrei.*

*Unter Strafe gestellt wurde jedoch der Handel mit Alkohol. Dennoch gab es überall Flüsterkneipen oder Speakasy, die Hochprozentiges oder Bier ausschenkten.*

*1933 wurde das Gesetz der Prohibition unter Präsident Franklin D. Roosevelt aufgehoben.*

*So wurde die Herstellung und der Verkauf bestimmter alkoholischer Getränke wieder erlaubt.*

Renfrew/Adams, den 14. 7. 1920
Liebe Schwägerin Luise!

Heute haben wir deinen lieben Brief erhalten sowie auch die anderen und alles, was du uns geschickt hast. Dafür besten Dank.

Wie wir sehen, du hast dir alle Mühe gemacht, um das gestohlene Gut zu bekommen. Auch unsere Nachforschungen waren genauso vergeblich.

Unsere Post in Adams ist unschuldig!

Wahrscheinlich sind die Pakete in Hamburg geöffnet worden. Da bleibt uns nichts, als einen Strich unter den Verlust zu ziehen.

Henriette hat am 15. Juni ein Paket mit Kleidungsstücken abgeschickt: sieben Röcke, drei Westen, drei Hemden und ein Jackett.

Du wirst schon Verwendung dafür finden.

Wir werden diese Woche noch ein Paket mit Mehl und Kaffee packen.

Dass wir Not leiden müssen, weil wir euch etwas zukommen lassen, darüber brauchst du dir keine Sorgen zu machen.

Wichtig ist nur, dass du es auch erhältst, die du es am notwendigsten brauchst! Auch bei euch wird es wieder besser werden und die sieben mageren Kühe werden bald vorüber gezogen sein.

Wer weiß, welches Land es nächstes Mal trifft?

Ein Lebenszeichen von Schwester Auguste haben wir auch erhalten. August Muschner schrieb einen langen Brief. Von Auguste hat er nur berichtet, dass sie unterleibskrank ist und eine Operation nötig hätte. In unserem Alter passiert schon einmal etwas.

Manche werden sogar arbeitsunfähig!

Vieles ist bei euch auch wohl auf die schlechte Nahrung zurückzuführen.

Alles wird noch dadurch erschwert, dass Amerika vergessen hat, mit Deutschland Frieden zu schließen. Schnell sind alle Länder bereit, Krieg zu führen, aber etwas Gutes zu vollbringen, lässt lange auf sich warten.

Liebe Luise, vielmals danken wir dir, dass du uns von euren Lebensbedingungen so ausführlich berichtet hast.

*Weiter schreibt Henriette:*

Liebe Schwester! Ich muss dir auch ein paar Zeilen beilegen. Noch hinzufügen muss ich, dass ich im Mehl ein Kettchen für deine Enkelin versteckt habe. Ein paar Reste für ein Kleid fügte ich ebenfalls bei.

Ich habe mich sehr gefreut, dass sie uns selbst einen Brief geschrieben hat.

Für deinen Sohn Paul, dem ich schon immer etwas schicken wollte, lege ich fünf Dollar in den Brief.

Wie viel er beim Umtausch bekommen wird, ist schlecht zu sagen.

Ich schicke dir ein Bild von uns mit. Wir sind darauf sehr natürlich getroffen. Es ist das Beste, das wir je hatten, meine ich. Ich wiege 170 Pfund und fühle mich dabei gut.

Morgen fahre ich zum Großlogenstützpunkt nach Boston von unserer Schwesternloge. Wir sind 200 Mitglieder. Ich bin schon seit drei Jahren Sekretärin. So habe ich die Gelegenheit, den Staat Massachusetts kennenzulernen. Boston ist die Hauptstadt von Massachusetts. Die Loge bezahlt alles.

Liebe Schwester, du fragtest nach Adolf Ruhm.

Er ist schon achtzehn Monate tot und seine Frau wird wohl auch bald sterben.

Sie hat Wassersucht.

Vor zwei Wochen war ich bei ihr.

Zwei Mal hat sie sich das Wasser abziehen lassen. Das erste Mal 13 und jetzt 11 Quart (1 Quart = 1,136 Liter).

Sie tut mir von Herzen leid.

Ich möchte jetzt schließen und hoffe, dass ihr alle gesund seid.

Tausend Grüße an dich, liebe Schwester, und all deine Kinder senden Wilhelm und Henriette Adam.

Renfrew/Adams, den 14. 11. 1920

Liebe Schwägerin Luise!

Endlich möchten wir euch wieder ein paar Worte schreiben. Deinen lieben Brief und alles, was du uns geschickt hast, erhielten wir. Die Freude über die Bilder war groß.

Für Augenblicke sind wir wieder in Schlesien. Jedes Mal, wenn wir Besuch bekommen, schauen wir uns deine Karten an. Du hast es auch möglich gemacht, in Dorfbach die Mühle und mein Geburtshaus aufnehmen zu lassen. Dafür bin ich dir von Herzen dankbar.

Nun steht das Weihnachtsfest vor der Tür, wo jeder Mensch, ob reich, ob arm, sich freuen soll. Hoffentlich geht es bei euch etwas besser. Bekommt ihr inzwischen für euer Geld das Lebensnotwendige wie Mehl, Butter, Fleisch, Kartoffeln, Kaffee, Milch, Zucker?

Bitte schreibe uns, was du bitter nötig brauchst und wir wollen sehen, was wir tun können.

Ich habe jeder meiner Schwestern fünf Dollar als Christkindleinsgabe geschickt. Dasselbe wirst auch du, meine schwer geprüfte Schwägerin Luise, als Gabe für bessere Zeiten erhalten. Für das neue Jahr hoffen wir, dass die Sonne wieder über Deutschlands Fluren zu neuem Leben, Glück und Zufriedenheit scheinen mag. Wenn die sieben mageren Kühe wieder fett werden, wenn das Geld für wirtschaftliche Zwecke statt fürs Militär verwendet wird, wird Deutschland ein reiches Land werden. Genau, wie es Amerika geworden ist.

Das hoffen und wünschen hier alle für euch.

*Henriette schreibt:*

Liebe Schwester, ich danke dem Paul vielmals für die Postsachen, die er mir geschickt hat. Sie sind sehr interessant zu lesen.

Wilhelm arbeitet jetzt nicht die volle Zeit. Ich gebe ja gar nichts drum. Da kann er ein wenig ausruhen. Aber bei großen Familien reicht es hinten und vorne nicht.

Liebe Schwester, ich schicke dir fünf Dollar als Weihnachtsgeschenk.

Kauf dir, was du brauchst.

Ich wollte dir ein Paket senden, aber da ist die Vorschrift ausgegeben worden, dass kein Mehl, Speck und noch vieles mehr geschickt werden darf.

Liebe Schwester, erinnerst du dich noch an Wilhelm Krause? Er war ein Sohn von Rose Krause. Er ist jetzt unser Nachbar.

Und so wird oft von Deutschland gesprochen. Leider kann er sich nicht mehr an dich erinnern, aber ihr seid doch zusammen zur Schule gegangen. Lebt denn die Pauline Ruhm noch, oder ist sie bereits gestorben?

Was unsere Schwester Auguste anbelangt, war sie immer anders als du und ich. Ich denke noch oft daran, wie sie mich behandelt hat, als unsere Mutter verstorben war.

Sie hat mich oft geschlagen und aus dem Haus gegrault.

So musste ich zu fremden Leuten gehen. Dann hat der Vater das Haus in Hausdorf verkauft und hat wieder geheiratet.

Da war ich gerade sechzehn Jahre alt. Jetzt bin ich zweiundsechzig, du vierundsechzig und

Auguste sechsundsechzig.

Wie wir gelesen haben, ist die Mark wieder etwas gestiegen.

Sie kann auch wieder fallen, ehe du das Geld erhältst.

Ich werde jetzt schließen. In der Hoffnung, dass euch der Brief bei bester Gesundheit erreicht, und zwar so, wie er uns verlässt, senden herzliche Grüße
Henriette und Wilhelm Adam.

Nochmals wünschen wir euch ein gesundes Weihnachtsfest und ein glückliches neues Jahr!

Renfrew/Adams, den 4. März 1921
Liebe Schwägerin Luise!

Wir haben deinen Brief mit den Zeitungsausschnitten erhalten und freuen uns, dass ihr alle gesund seid. Auch bei uns ist das der Fall.

Hoffentlich ist mit der nächsten Ernte, wenn sie gut ausfällt, die größte Not überstanden. Und auch die Kohlennot muss doch bald ein endgültiges Ende nehmen!

Wir hegen die Hoffnung, dass unser neuer Präsident, der heute am 4. März sein Amt antritt,* ein ernstes Wort reden wird und ein wenig Raison in das Wirrwarr der deutschen Wiedergutmachung bringen wird. Es ist höchste Zeit, dass etwas unternommen wird, um den Herren Franzosen und Engländern auf

die Finger zu klopfen, den Räuberhaupt-
männern das Handwerk zu legen.

In Bezug auf Politik und Parteien kann es bei
euch nicht schlimmer sein. So verrückt wie
hier alles gemacht wird, kann es selbst in
Russland nicht schlimmer zugehen. Gestohlen
werden hier nicht Tausende, es geht in die
Millionen. Das wäre nicht möglich, wenn nicht
die Beamten dahinter steckten, die Polizei und
alle, die nicht arbeiten.

Von einem Dollar werden 92 Cent für
Kriegsmaterial verbraucht und 8 Cent für das
gemeine Wohl. England und Frankreich
wollen sie die sechs Milliarden schenken, die
sie geborgt haben. Deutschland wollen sie die
letzte Milchkuh wegnehmen.

Wir wollen hoffen, dass das neue Jahr eine
bessere Zeit bringt.

Die Stunden rinnen,
die Zeit verstreicht
die Blätter fallen,
mein Haar erbleicht
nutze die Zeit.

Wenn man über alles nachsinnt, kommt einem
die Galle hoch. Aber nun Schluss damit!
Ostern ist nicht mehr weit und so wünschen

wir euch ein frohes Fest.Verlebt die Feiertage gut und vertreibt die kummervollen Gedanken. Viele liebe Grüße an dich und deine Kinder senden dir deine Schwester Henriette und dein Schwager Wilhelm

*Warren G. Harding wurde 29. Präsident der USA. Er starb nach einer nicht ganz zweieinhalbjährigen Amtszeit überraschend. Ihm wird nachgesagt, wenig erfolgreich gewesen zu sein.*

Renfrew /Adams, den 26. 8. 1921
Liebe Schwägerin Luise,
deinen lieben Brief und die Zeitungsartikel haben wir am 23. August erhalten und uns sehr gefreut zu hören, dass ihr alle gesund seid.
Es tut uns so leid, dass ihr so knapp mit Butter, Milch und Fleisch seid.
Gern würden wir euch für einige Wochen zu uns holen und gemeinsam bei Tische sitzen.
Unser Zweitjüngster ist Bäckermeister in Adams, nur 10 Minuten von uns entfernt. Der jüngste Sohn, der in Frankreich war, fährt die Backwaren mit dem Automobil zu den Kunden ans Haus. Brot, Kuchen und Semmeln, alles vom besten Mehl. Wir wünschten, ihr könntet alle auf ein paar Wochen zu uns kommen.
Wir würden euch schon wieder aufpäppeln. An Essen fehlt es uns nicht, obwohl alles sehr

teuer geworden ist, aber die Löhne sind ebenfalls um die Hälfe gestiegen.

Die Witterung ist sehr angenehm.

An Regen fehlt es nicht. Das Frühjahr war sonderbar. Die Sonne wollte durchaus nicht mehr scheinen. Es war bis Mitte Juni fortwährend trübe und kalt. Jetzt ist es schön warm mit meist kalten Nächten.

Wir könnten euch einen Korb voll Kirschen schenken. Es sind zwar nur Sauerkirchen, denn süße haben wir in diesem Jahr nicht eine. Die Blüten sind erfroren. Die Blütezeit trifft meist in die schlechte Witterung. Aprikosen hat es auch keine. Wie die Kartoffeln ausfallen werden, darauf bin ich gespannt. Vergangenes Jahr hatten wir ungefähr sechs Säcke voll geerntet.

Ein Pfund kostet 10 Cent. Zum ersten Mal gibt es keine Kartoffelkäfer und auch keine Blüte, die Knospen sind alle abgefallen.

Aber es hat viele Lindenblüten. Die pflücken wir jetzt und machen Wein daraus. Weil es bei uns nichts mehr zu trinken gibt, braut sich jeder selbst etwas. Auch Maiblumen und roter Klee ergeben einen guten Wein.

Der Zucker ist von 5 auf 25 Cent gestiegen. Nicht etwa, weil es keinen gibt, oh nein, es ist genau wie bei euch – Schieberei und Wucherei. Der Mehlpreis stieg von 5 Dollar auf 20. Ein Pfund Fleisch kostet 60 Cent, sonst waren es 15 bis 20 Cent.

Die Miete für Wohnungen ist fast um die Hälfte gestiegen und es fehlen viele.

Da es keine Wirtshäuser mehr gibt, müssen alle noch höhere Abgaben leisten.

Wir sind schon bei 130 Dollar angelangt und dieses Jahr wird es noch mehr.

*Nachstehendes schreibt Henriette:*

Liebe Schwester, ich muss dir auch ein paar Worte schreiben.

Du weißt, dass ich vor 33 Jahren noch einmal in Deutschland war. Da hattest du gerade Kindstaufe. Es war ein Mädchen, dessen Patin ich wurde.

Ist das die Tochter, bei der du jetzt wohnst? Ich wollte ihr schon immer eine Kleinigkeit schicken und so will ich es jetzt tun. Sie soll ihren Kindern etwas zu Weihnachten kaufen.

Liebe Schwester, wir haben ein Haus verkauft und es gut bezahlt bekommen. Wir hätten einen noch höheren Preis erzielen können, aber ich sagte zu Wilhelm: „Es sind arme Leute. Sie haben kein Geld und müssen alles borgen. Du weißt, wie es uns gegangen ist, als wir so hohe Abtragungen zu zahlen hatten."

Seinerzeit haben wir für beide Häuser 3.000 Dollar bezahlt und haben jetzt den selben Betrag für eins bekommen. Wir hatten auch viel in die Häuser gesteckt, denn sie sind in gutem Zustand. Und wir haben auch sechzehn Jahre lang die Miete gespart. So ist alles bezahlt.

Uns gehört noch das große Haus, in dem wir wohnen. Dort sind zusätzlich zwei Wohnungen vermietet. Und dann haben wir noch das andere Haus. In dem wohnen die Söhne Wilhelm und Max. Es ist ein Doppelhaus und jeder hat eine Haushälfte.

Jede Hälfte mit sechs Stuben, Keller und Boden sowie einem Schuppen. Wilhelm hat sich noch eine Garage gebaut.

Wir bewohnen vier Zimmer und das ist genug für uns.

So leben wir jetzt kummerfrei und haben keine Abtragungen mehr zu leisten.

Außerdem bekommen wir noch 45 Dollar monatlich an Rente. So wird Wilhelm zum März zu Hause bleiben.

Er wird zweiundsiebzig Jahre alt.

Zwei der beiliegenden Dollar sind für unsere Schwester Auguste und zwei für deine Tochter bestimmt.

Mit vielen herzlichen Grüßen verbleibe ich deine Schwester Henriette Adam.

Renfrew/Adams, den 7. November 1921
Liebe Schwägerin, wir haben deinen lange erwarteten Brief erhalten und sind froh, dass ihr alle wohlauf seid. Wir sind auch alle

gesund und das ist doch das Wichtigste.

Langsam macht sich der Winter bemerkbar.

Die Erde ist über Nacht gefroren.

Heute haben wir das letzte Grünzeug aus dem Garten geholt, Sellerie, Petersilie und Zwiebeln. Die Winterastern blühen noch prachtvoll. Die Bäume sind entlaubt, aber wir haben keinen Schnee.

Wie ist das Wetter in Westfalen? Ich denke, es ist nicht so schlimm wie hier im Norden. Schnee und Kälte und die vielen Stürme sind für alte Leute kein Vergnügen. Und der Winter dauert lange. So kann man auch sehr spät mit der Gartenarbeit beginnen.

Liebe Luise, bald ist schon wieder Weihnachten. Da haben Henriette und ich beschlossen, dir noch ein paar Mark zukommen zu lassen. Um uns brauchst du dir keine Sorgen zu machen. Wir leben ja, gemessen an euch, im Überfluss. Bei euch musst es doch einmal besser werden! Wenn bloß der böse Winter nicht gar so lange dauern würde.

Wir haben für 50 Dollar Kohlen im Keller. Die werden bis Ende März alle verbraucht sein. Unsere zweijährigen Hühner legen täglich 3 - 5 Eier; die Jungen werden um Weihnachten herum zu legen beginnen. Für ein Dutzend frische Eier bekommt man hier einen Dollar. In den Webereien geht es so ziemlich. Da haben wir immer voll gearbeitet, aber in

Pittsfield arbeiten sehr viele nur zwei Tage in der Woche. Man merkt an vielen Stellen, dass auch hier nicht alles so glänzend ist.

Deutschland bräuchte sehr viel von Amerika, aber das Sinken des Wechselkurses macht das unmöglich. Nur das absolut Nötige wird gekauft. Liebe Schwägerin, entschuldige bitte, dass Henriette nichts geschrieben hat. Sie ist von der Arbeit so müde, dass ihr die Augen zufallen, wenn sie zum Sitzen kommt.

Heute, am 10. 11., fiel der erste Schnee.

Wie es scheint, gibt es einen langen Winter. Wir haben noch sechs Wochen bis Weihnachten. Da wird es wohl der letzte Brief in diesem Jahr sein. So möchte ich euch allen ein fröhliches Weihnachtsfest und ein glückliches neues Jahr wünschen. Sei so gut und schreib uns, ob du das Geld in dem Brief erhalten und wie viele Mark du dafür bekommen hast.

Dieses Mal wirst du mehr dafür kriegen.

Auf Wiedersehen!

Mit vielen herzlichen Grüßen an dich, liebe Schwägerin und an all deine Kinder, verbleiben wir deine Schwester und Schwager Henriette und Wilhelm Adam.


Renfrew/Adams, den 22. November 1921

Liebe Schwägerin! Bald haben wir Weihnachten und Neujahr. Da hat Henriette entschieden, eurer Schwester Auguste auch ein

Weihnachtsgeschenk zu machen.

Leider haben wir deren Adresse verlegt. So schicken wir es an dich, liebe Luise.

Sei so gut und lasse es ihr zukommen. Inliegend zwei Dollar.

Herzliche Grüße und ein gutes neues Jahr!

Deine Schwester und Schwager Henriette und Wilhelm Adam.

Germania Frauen Loge, Nr. 2 O.D.H.S.

Adams Mass., im September 1922

Liebe Schwester!

Ihr habt stets auf einen Brief gewartet, aber im Sommer sind wir immer so beschäftigt.

Da wird das Schreiben von einer Woche auf die andere verschoben und so werden Monate daraus.

Es ist schlimm, wenn man für alles allein zuständig ist.

Da sind die Hühner zu versorgen. Die Ställe müssen jeden Tag ausgefegt werden. Dann ist der Garten zu besorgen. Wir haben 60 Quadratmeter mit Himbeeren bepflanzt. Die wollen gepflückt und verarbeitet werden! Wir haben von allem etwas: Birnen, Pflaumen und zwei Pfirsichbäume. Da wird für den Winter eingekocht.

Liebe Schwester, ich war wieder vier Tage auf Reisen als Repräsentantin der Großloge. Es kamen achtundachtzig Vertreter vom Staat

Massachusetts zusammen. Wir hatten eine gute Zeit.

Liebe Schwester, bei uns ist es auch nicht gut. In den Eisenwerken kündigen sie tausenden von Arbeitern und die, die noch Arbeit haben, bekommen wieder Lohnkürzungen. Sie müssen noch froh sein, überhaupt beschäftigt zu sein. Die Wohnungen sind sehr knapp und

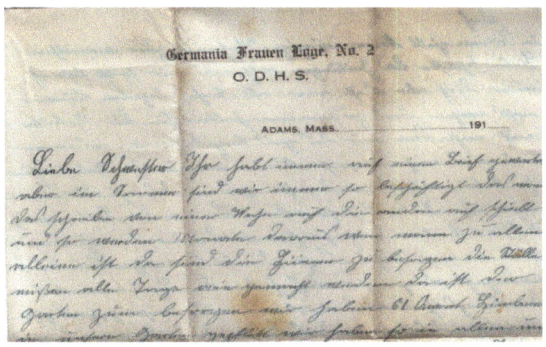

so steigen die Mieten. Es wird fast nichts mehr, wegen der hohen Preise, neu gebaut. Bei uns im Ort steht keine einzige Wohnung zur Vermietung.

Liebe Luise, die Zeitungen, die du mir schickst lese ich immer durch. Aber es ist eine alte Sache, dass man als Einzelner nichts bewirkt. Und zusammenhalten die Arbeiter auch nicht. Es war schon immer so und wird auch so bleiben: Das Geld regiert.

Wenn nur die Arbeiter für ihre Arbeit anständig bezahlt würden!

Das ist die eine Seite. Die andere ist jedoch, dass die Arbeiter noch so viel verdienen können, sie werden es nie zu etwas bringen. Es wird stets alles vergeudet. Bei uns geht es gerade so. Was haben die Leute während der Kriegszeit verdient! Aber es wurde nichts gespart. Wir machten es anders. Familien, die mit uns aus Deutschland kamen, haben das Gleiche wie Wilhelm verdient, aber mein Mann hat nicht alles ins Wirtshaus getragen. Ich habe mitgearbeitet und gespart, während die anderen Leute leicht gelebt haben.

Da haben wir es doch besser gemacht als jene. Not haben wir dennoch nicht gelitten. Sollte jemand von denen kommen und sagen, wir sollten mit ihm teilen, so käme der wohl nicht mit heilen Knochen aus dem Haus. Liebe Schwester, ich werde dir wieder etwas Geld senden. Da oft so viel Inhalt gestohlen wird, habe ich keine Lust Pakete zu schicken.

Seid nun du, liebe Schwester und die Kinder, von uns allen herzlich gegrüßt

Wilhelm und Henriette.


Adams, den 20. 12. 1922

Liebe Schwägerin!

Wir haben deinen Brief mit dem Bild erhalten und freuen uns sehr darüber. Euch, ihr Lieben, auf dem Foto zu sehen, ist schön. Ihr seid alle gut getroffen. Es ist so, als ständet ihr wirklich

vor uns. Wie schön wäre es da erst, könnten wir euch wiedersehen und alles erzählen.
Aber wir sind jetzt für so eine Reise zu alt.
Liebe Luise, meine lieben Schwestern leben auch noch.
Karoline ist einundachtzig, Auguste sieben-undsiebzig und ich werde im März dreiund-siebzig Jahre alt. Ein Wunder ist, dass wir drei noch leben. Jedoch können wir jeden Augen-blick auseinander gerissen werden. Sie schreiben mir, sie können nicht mehr so weit laufen, um jemanden zu besuchen.
Karoline lebt in Ober-Dorfbach, Auguste in Tannhausen.
Die Not ist überall gleich groß – in Schlesien wie in Westfalen.
Die Mark steht so tief, dass sie nicht weiter fallen kann.
Wenn ihr erst diesen schlimmen Winter überstanden haben werdet, wird sich auch die Wirtschaft erholen. Dem Land muss es doch bald besser gehen und der Geldwert steigen.

Keine Willkür, keine Knechte,
gleiches Recht für jede Kraft!
Gleiche Pflichten, gleiche Rechte,
frei sei Kunst und Wissenschaft.

Starken Mutes, festen Blickes,
trotzend jedem Schurkenstreich

steigst du auf dem Pfad zum Glücke.

Gott sei mit dir, deutsches Reich!

Die Novemberwitterung war gut, aber der Dezember hat Schnee und Kälte gebracht.

Heute war es 6 Grad unter Null.

Die Kohle ist auch noch immer teuer und knapp.

Ohne Erlaubnis darf sie nicht verkauft werden.

Glücklicherweise haben wir unsere Winterkohle bereits im Keller gehabt, bevor die Bergleute in den Streik traten.*

Unsere Jungen und die Tochter hatten noch keine gekauft, haben aber jetzt wegen ihrer Kinder zwei Tonnen bekommen.

Wir sind noch immer gesund und hoffen dasselbe auch von euch.

Henriette wollte schreiben, hat aber immer so viel zu tun, besonders jetzt, drei Tage vor Weihnachten.

Ein frohes Weihnachtsfest und Glück im neuen Jahr rufen wir euch zu!

Wir nehmen allen Mut zusammen und treten in das neue Jahr.

Auch dann werden wir euch nicht vergessen und es ist unsere Pflicht, euch über die bösen Zeiten hinweg zu helfen.

Darum verzagt nicht, einst wird es besser.

Mit vielen herzlichen Grüßen von uns und unseren Kindern verbleiben wir eure

Henriette und Wilhelm Adam.

*Baptist Church Adams Mass.*

*\* Der Streik der Bergarbeiter in den USA 1922 dauerte vier Monate an.*

Renfrew/Adams, den 6. Juli 1923
Liebe Schwägerin Luise.
Deinen lieben Brief haben wir dankend erhalten. Wir freuen uns, dass ihr alle gesund seid. Schon lange hättest du einen Brief bekommen sollen, aber ich hatte geglaubt, du wärest im besetzten Gebiet. Wir wollten dich keiner Gefahr aussetzen – wegen der Franzosen. Wir wollten dir schon lange ein Paket schicken, waren aber nicht sicher, ob es überhaupt in deine Hände gelangt.
Wir wissen nicht, ob es wirklich geht. So senden wir dir vorerst ein paar Mark. Das geht etwas schneller. Für eine Million wirst du bestimmt recht viel kaufen können. Es war uns peinlich, dir nichts schicken zu können. Wir warteten immer auf Post von dir, um

51

genaueres über die politischen Verhältnisse zu erfahren.

Park Street, Adams, Mass.

Gesund sind wir noch alle.
Das Frühjahr war hier auch kalt.
Dafür gab es im Mai und Juni extrem heiße Tage. Da sind viele Menschen wegen der Hitze gestorben. Geregnet hat es eher zu wenig als zu viel. Wir haben die roten Kirschen abgenommen und wünschen, du könntest welche davon haben. Und unser Richard könnte euch einen ganzen Wagen voll Brot nach Hause bringen. Ich bete stets für euch.

> Sei gesegnet ohne Ende,
> deutsche Heimat, wundervoll.

Wir lesen es alle Tage in der Zeitung, wie alles stetig teurer wird.
Die ganze Welt hat euch im Stich gelassen.

Aber wie könnt ihr wieder auf die Beine
kommen, fragen wir uns?
Wenn doch wenigstens die Ernte gut wäre mit
Kartoffeln, Weizen, Korn, Gerste, Butter,
Milch und allem, was ihr braucht!
Nun, liebe Luise, wir hoffen stets für euch auf
bessere Zeiten. Das ist alles, was wir können.
Hoffnung lässt nichts zu Schanden werden.

> Ist auch heut der Himmel grau,
> wandere nur immer weiter!
> Morgen ist er wieder blau.
> Morgen bist du wieder heiter.

Nun ist dein lieber Mann schon dreiundzwanzig Jahre tot. Wie viel hat er bereits an
Gutem und Bösem verschlafen! Auch für uns
kommt die Zeit, wo wir uns zur Ruhe legen
und man uns ein Bett in der Erde bereiten

Berkshire Cotton Mills, Adams, Mass.

wird.

Wir wollen hoffen, dass dem Paul, um seiner Familie willen, nichts geschehen mag. Wir haben in der Zeitung gelesen, Dortmund ist vom Franzosen besetzt. Das kann doch nicht weit von Hamm liegen.*

Da haben wir nicht geschrieben, weil jeder Brief durch deren Hände geht und der Inhalt weggenommen wird. Henriette hat schon so oft gesagt: "Könnte doch Luise mit an unserem voll gedeckten Tisch sitzen."

Wenn ihr das alles hättet, was in Amerika weggeworfen wird, brauchte niemand zu hungern und Not zu leiden.

Obwohl es auch hier an vielen Orten große Feuer, Wolkenbrüche, Erdbeben, ungeheuer viele Unglücke durch Automobile gibt - täglich werden so viele Leute dabei getötet, weil die Straßen voller Wagen sind, sodass ein Ausweichen manchmal nicht möglich ist - ist es in Amerika doch besser als überall auf der Welt.

Henriette und ich sind froh, dass es uns möglich ist, dir etwas schicken zu können.

Schrecklich ist die Ungewissheit, wenn wir lange nichts von euch hören.

Nun wollen wir hoffen, dass diese Zeilen und das inliegende Geld glücklich in eure Hände gelangen mögen. Vielleicht kannst du dadurch etwas Hoffnung schöpfen.

Mit dem Wunsch, dass du gesund bleiben mögest, verbleiben wir mit vielen Grüßen
deine Schwester Henriette
und Schwager Wilhelm Adam.

*\* Dortmund und Lünen waren die östlichsten Städte der von Anfang 1923 bis 1925 anhaltenden Besetzung des Ruhrgebiets durch Franzosen und Belgier.*
*Hamm war nicht betroffen.*

Renfrew/Adams, den 24. August 1923
Liebe Schwägerin, wir haben deinen Brief erhalten und freuen uns, dass du noch gesund bist. In diesen traurigen Verhältnissen leben zu müssen, ist wirklich übel. Was euch armen Menschen alles passieren kann! Wie wollen diejenigen, die Schuld daran tragen, wohl einmal bestehen, wenn sie wegen ihrer Werke dereinst Rechenschaft ablegen müssen?
Der letzte Brief, den wir aus Schlesien erhielten, kostete 3000 Mark Porto!
Unterdessen ist die Mark wieder gefallen.
Meine jüngste Schwester, Pauline, ist verstorben.
Dieses Mal wollen wir dir einen Zehnerschein in den Brief legen. Du brauchst ja nicht alles auf einmal umzuwechseln. Der Brief wird so zwar etwas dicker, aber wir wollen es probieren.

Du wirst auch nicht mehr schreiben können, weil das Porto zu hoch ist.

Wir haben schon immer überlegt, was am besten wäre - Geld oder Paket.

Wir entschieden uns für Geld. Vielleicht könntest du einen Zentner Kartoffeln dafür kaufen, jetzt, wo die Ernte bevorsteht oder dafür etwas erwerben, was auf der Überfahrt zu Schanden kommen würde.

Liebe Schwägerin, es gibt jetzt wieder die Hoffnung auf die neue Regierung. Es scheint so, als ob es zu einem Ende kommen sollte.

Ein ernstes Wort unseres neuen Präsidenten in dieser Richtung könnte von entscheidendem Vorteil sein. Aber die Franzosen sind gerüstet. Die lassen es auf einen Krieg ankommen. Nicht auszudenken, wenn es noch einmal losgehen würde. Besser wäre auf jeden Fall, wenn es auf diplomatischem Wege gelöst würde. Reichskanzler Stresemann soll mal etwas entschiedener auftreten, denn mit Händeringen kann man keine Berge abtragen. Und das Geld der Franzosen wird auch knapp.

Immer freudig, liebe Brüder,
gebt die bangen Sorgen auf!
Morgen geht die Sonne wieder
freundlich an dem Himmel auf.

Wir hatten auch so einen kalten Winter. Früh war alles vom Reif weiß. Und Sturm! Der hat

Äste von den Bäumen gerissen und einen unserer Bäume hat er ganz zerbrochen.

Ursprünglich wollte Henriette schreiben, kam jedoch wegen der vielen Arbeit nicht dazu. Wir wollten dich auch nicht zu lange warten lassen.

Gesund sind wir noch alle.

Hoffentlich du und deine Kinder auch.

Von unseren Kindern hat Max zwei Mädel und Emma hat zwei Jungen und ein Mädchen. Die anderen beiden, Alfred und Wilhelm, sind noch kinderlos.

Richard ist unverheiratet.

Mit vielen herzlichen Grüßen verbleiben wir deine Schwester Henriette und Schwager Wilhelm Adam.

*\* Calvin Coolidge war von August 1923 bis 1929 Präsident Nordamerikas. Seine wichtigste Errungenschaft war eine wachsende, kaum regulierte Wirtschaft.*

*Trotz mehrfacher Steuersenkungen erzielte er einen Haushaltsüberschuss und eine Verringerung der Staatsschulden.*

Adams, den 22. 10. 1923

Liebe Luise!

Wir haben deinen Brief erhalten und freuen uns, dass du in all dem Kummer und Sorgen in dieser schweren Zeit gesund bist.

Es tut uns leid, dass Paul ein ganzes Jahr lang

im Gefängnis zubringen muss. Traurig, dass er Weihnachten nicht zu Hause sein kann.

Liebe Schwägerin, Henriette hat dir ein Paket gepackt. Darin wirst du verschiedenes finden. Da Pakete nicht schwerer als elf Pfund sein dürfen, so konnten wir nicht viel reinlegen – nur etwas zum Essen. Wir mussten Zucker zurücklassen und entschieden uns für Kaffee, Mehl und Nudeln. Henriette wird dir noch ein zweites Paket mit etwas Garderobe schicken. Und wenn es glücklich ankommt, wirst du auch etwas Geld in Silber finden.

Das Weihnachtsfest rückt immer näher. Wir haben schon alles geerntet und eingelagert. Die Ernte ist gut geraten. Es gab viele Kartoffeln, Kraut, Gurken, Birnen, Beeren, Kirschen und Äpfel. Alles ist jetzt wohl verwahrt im Keller.

Der Oktober war schön und warm.

Hoffentlich bleibt es noch eine Weile so, denn die Einkellerung der Kohlen kosten uns 60 Dollar.

Die Geschäfte gehen auch nicht gut. Europa hat kein Geld, um etwas bei uns zu kaufen. Da haben wir wieder, genau wie letztes Jahr, nur vier Tage in der Woche Arbeit.

Tochter Emma und ich arbeiten in der selben Fabrik. Bis dorthin haben wir 10 Minuten zu laufen. Im Sommer beginnen wir um sechs Uhr und arbeiten bis sechzehn Uhr.

In unserer Familie sind alle gesund.

In der Hoffnung auf bessere Zeiten wollen wir froh das Weihnachtsfest erwarten.

Mit den besten Grüßen verbleiben wir

deine Schwester und Schwager Henriette und Wilhelm Adams.

Wir werden dir einen Sack Mehl von ungefähr 100 Pfund schicken. Da kannst du den Kindern etwas abgeben. Die Fracht musst du von dem Zwei-Dollar-Schein bezahlen, den du in diesem Brief vorfindest. Ende November wird das Mehl bei dir eintreffen.


Adams, den 7. November 1923

Liebe Schwägerin, wir wollten dir, lieber Luise, mitteilen, dass wir einen Sack voll Mehl für dich zum Weihnachtsfest eingekauft haben, denn in ein Paket können wir nur ein paar

Pfund packen. Die Fracht ist bis Hamburg bezahlt. Von dort nach Westfalen musst du sie übernehmen. Das Geld dafür findest du in diesem Brief. Der gelbe Zettel ist zum Überweisen bestimmt.

Wir sind alle gesund und hoffen das auch von dir und deinen Kindern.

Wie es den Anschein hat, wird dieser Winter noch schlechter als der vergangene.

Ist es die letzte magere Kuh?

Wir hoffen, dass etwas geschehen wird.

Es sieht fast so aus, als wären das mehr als leere Worte.

Eines steht jedoch fest, im Guten zieht Frankreich nicht aus dem Ruhrgebiet ab.

*Adams, Mass.*

Kein Volk hat Lust, sich in einen Krieg verwickeln zu lassen.*

*Henriette fügt hinzu:*

Liebe Schwester, bei uns ist es tagsüber warm mit kalten Nächten.

Die Kartoffeln sind dieses Jahr sehr gut geraten. Sie sind billiger als sonst; ein Sack kostet 1 Dollar 60 Cent. Äpfel hingegen sind sehr teuer, der Sack 5 Dollar.

Wir haben zwei Apfel-, zwei Birnen-, vier Kirsch- und zwei Pfirsichbäume, einen Platz mit Himbeeren. Alles hat gut getragen.

Aber die Geschäfte gehen bei uns auch mau.

Wir arbeiten nur drei Tage wöchentlich.

Für mich ist das ja gut, weil ich zu wirtschaften gelernt und so mehr Unterstützung durch Wilhelm habe.

Aber andere, die von einer Woche zur anderen anschreiben lassen müssen, leben schlimm.

Der gelbe Zettel im Brief ist für das Mehl - für den Zoll bestimmt.

Wir sind alle gesund und hoffen das auch von dir und deinen Kindern!

Nun werde ich schließen.

Mit vielen herzlichen Wünschen zum lieben Weihnachtsfest verbleiben wir

Henriette und Wilhelm.


*\* Die Kriegsbefürchtungen stehen im Zusammenhang mit der Besetzung des Ruhrgebiets durch die Franzosen und Belgier und dem zivilen, teils militanten deutschen Widerstand.*

*Aufgrund von Verhandlungen der USA und Großbritanniens 1923/24 lenkt Frankreich ein und die Besetzung endet im Juli/August 1925.*

Adams Mass., den 8. Dezember 1923
Liebe Schwester,
Weihnachten steht nun vor der Tür und immer noch gibt es keine Aussicht auf Besserung in Deutschland. Wenn es nur nicht mit so vielen Umständen verbunden wäre, könnten wir mehr für euch tun. Ich schicke dir wieder ein Paket. Meine Schwiegertochter hat die Sachen gebracht. Die Hemden sind von ihrer Mutter. Wenn sie dir nicht passen, so gib sie jemand anderem. Vielleicht kannst du die warmen Schuhe noch eine Weile anziehen. Auch habe ich Butter eingepackt. Hoffentlich ist sie nicht ranzig bis sie euch erreicht.
Ich lege dir zwei Dollar für Weihnachten bei. Vielleicht kaufst du dir dafür die Zutaten, um einen Kuchen zu backen.
Ferner lege ich zwei Zettel in das Paket. Die musst du auf der Post abgeben, wenn du uns wieder schreibst.
Der Wert eines Zettels bedeutet das Porto für einen Brief an uns.
Du kannst uns also zwei Mal schreiben, ohne selbst Briefmarken kaufen zu müssen.
Bei uns steht es schlecht um die Arbeit. Es werden nur 24 Stunden wöchentlich gearbeitet.

Wir haben jetzt das andere Haus an unseren ältesten Sohn Wilhelm verkauft.

Wir müssen noch leben können, wenn Wilhelm aufhört zu arbeiten. Im nächsten März wird er vierundsiebzig Jahre alt, dann soll Schluss sein. Er soll auch noch ein paar gute Jahre haben. In vier Jahren können wir unsere goldene Hochzeit feiern.

Jetzt besitzen wir noch das Haus, in dem wir und unsere Tochter wohnen. Sie arbeitet neuerdings in der Fabrik. Da muss ich die Kinder versorgen. Zwei gehen in die Schule. Der Kleinste ist drei Jahre alt. Er ist ein liebes Kind.

Ich habe noch 50 Hühner und wasche und bügele die Wäsche.

Da habe ich alle Hände voll zu tun. Die Tage vergehen so schnell und die Woche ist rasch herum.

So wird man alt.

Da kann man sagen, wenn das Leben hoch kommt, so dauert es siebzig Jahre und wenn es köstlich gewesen ist, so ist es Müh' und Arbeit gewesen. Jedoch ist mein größter Reichtum meine Gesundheit.

Manche haben viel zusammengekratzt und sind fortdauernd krank.

Mitnehmen kann niemand etwas!

Nun wünschen wir euch allen ein fröhliches Weihnachtsfest und ein glückliches neues Jahr.

Wir hoffen, dass euch die Zukunft bessere Zeiten bringt, als es die Vergangenheit tat.

Wie schlimm, dass solch ein Unglück über dich gekommen ist. Ich hatte ja auch Unglück, aber ich habe noch immer meinen Mann. Da trägt man alles gemeinsam.

Nun will ich schließen.

In der Hoffnung, dass euch der Brief bei bester Gesundheit antrifft, verbleibe ich

deine dich liebende Schwester Henriette Adam.

*Und auf einem Zettel fügte Henriette hinzu*:

Liebe Schwester, ich habe vergessen, den Schein in den vorherigen Brief zu legen. Er ist für das Mehl. Ich werde dir noch ein Paket schicken.

Deine Schwester Henriette.


Adams Mass., den 26. Jan. 1924

Liebe Schwester,

deinen lieben Brief haben wir erhalten und hoffen, dass ihr alles bekommen habt. Wilhelms Schwester schrieb, dass sie den Sack Mehl gerade in der Weihnachtswoche erhalten hat.

Wir hatten bis zu Weihnachten schönes Wetter, aber seit dem 10. Januar ist es sehr kalt und stürmisch. Auch heute ist es so bitterkalt, dass man es trotz intensivem Feuerns nicht warm bekommt. Liebe Schwester, aus deinem Brief und dem anderen habe ich ersehen, welche Mittel ihr ergriffen habt, um Deutschland zu verlassen.

Aber es tut mir leid euch mitteilen zu müssen, dass daraus nichts werden kann. Erstens ist Kanada französisch und steht unter englischer Aufsicht. Wer halbwegs das Geld zusammenbringen kann, um auf diesen Kontinent zu gelangen, hat im Bergbau kaum Chancen. Mit den Gruben ist es nicht weit her, da in Kanada vorwiegend Landwirtschaft vorherrscht. Amerika liefert die meisten Kohlen nach Kanada.

Und hier wird die Einwanderung nach Amerika sehr erschwert.

Ich habe mich bei verschiedenen Zeitungen erkundigt und alle sagten übereinstimmend, dass es nicht erlaubt sei, Arbeiter rüber kommen zu lassen.

Sie antworteten, dies sei ausgeschlossen!

Selbst, wenn ein Arbeitgeber sich für einen Arbeiter verbürgen und für ihn

gut sagen würde, ginge es nicht.

Im Bergbau würde eine Kolonne von zwölf bis dreizehn Mann 2000 Dollar kosten.

Dazu müsste für Unterkunft gesorgt werden.

Es gibt einfach zu viele Arbeitslose bei uns!

Und die Organisationen verbieten das. Zudem ist jetzt bis zum Juli jegliche Einwanderung ausgesetzt, denn Deutschland hat die ersten

Schritte dazu gemacht, um die Auswanderung zu verhindern.

Ich kann da auch nichts tun.

Liebe Schwester, du wirst dich noch zu erinnern wissen, dass, als ich noch jünger war und du noch deine Kinder zu Hause hattest - dazumal war die Auswanderung noch billig,

ich dir das   Anerbieten gemacht habe, rüber zu kommen.

Damals wolltest du nicht, denn es gefiel dir in Westfalen und alle hatten ihr gutes Auskom-

men.

Der unselige Krieg hat alles zunichte gemacht.

Aber glaube mir, uns ist es in Amerika auch schlecht genug ergangen.

Schlimm ist, wenn man keinen Menschen kennt.

Einmal hatte ich unserem Onkel nach Texas geschrieben, aber da hatte ich erst recht nichts zu hoffen. Er schickte mir fünf Dollar mit der Bemerkung, dass er sie mir schenkt und das ist alles, was er für uns tun kann. Er hat selber Kinder!

Da habe ich ihm die fünf Dollar wieder zurückgeschickt. Später hat sein Sohn uns geschrieben, dass sein Vater gestorben sei und er sich freuen würde, wenn wir sie einmal besuchen würden.

Eine Antwort sind wir ihm bis jetzt schuldig geblieben. Meine Tochter Emma schreibt sich mit einer Tochter unseres Onkels.

Ich war fertig mit ihm.

Hier in Amerika heißt es: Jeder ist sich selbst der Nächste.

Und wenn man nicht mit den Deutschen, die in Amerika sind, zusammenkommen kann, suche die, die arme deutsche Kinder unterstützen!

Gäbe es die nicht, würde nichts getan.

Wenn in Japan oder sonst irgendwo etwas passiert, werden gleich Millionen geschenkt. Daran kann man sehen, wie die Deutschen in Amerika geschätzt werden!

Nimm es mir nicht übel, dass ich euch in der Sache Auswanderung nicht unterstützen kann.

Wir sind schon alt und Wilhelm gibt die Arbeit auf. Er wird vierundsiebzig Jahre.

Solange ich kann und es mir möglich ist, will ich dich etwas unterstützen. Liebe Schwester, schreibe mir im nächsten Brief, ob du die

Pakete mit den Schuhen erhalten hast. Ich lege dir wieder einen Zettel bei, durch den das Porto für einen Brief übernommen wird.

Wie wir ersehen, ist die Inflation mit Millionen und Billionen vorüber und ihr seid wieder zur Gold-Mark übergegangen.

Vielleicht geschieht doch etwas, das Deutschland wieder hochkommen lässt.

Am 21. Januar haben wir das eine Haus an meinen Sohn Wilhelm verkauft. Aber das schrieb ich bereits in meinem vorherigen Brief.

So haben wir mehr Geld zum Leben, wenn Wilhelm sen. nicht mehr zur Arbeit geht.

Mit den besten Güssen schließen
Wilhelm und Henriette Adam.


Adams Mass., den 13. April 1924
Liebe Schwester,
deinen lieben Brief haben wir dankend erhalten. Du schreibst, dass von euch zwei Transporte nach Brasilien abgegangen sind.

Ich bedauere die armen Leute! Sie sind so gut wie verkauft, wenn sie nicht genügend Geld haben, um sich selbständig zu machen.

So ist es auch in Argentinien. In allen Zeitungen werden die Leute angeworben, dorthin auszuwandern, aber sie sind dann verlassen. Ein Mann namens Flechner aus Wüstewaltersdorf war nach Brasilien ausge-

wandert. Nach vielen Strapazen und Entbehrungen konnte er auf einem Schiff nach Nordamerika anheuern.
So kam er nach Adams, wo er Bekannte hatte.

*Henriette und Wilhelm mit den Enkelkindern Dorothy und Walter*

Er hat erzählt, wie die Leute in Brasilien behandelt würden. In der Tat bekommen sie ein Stück Land. Das liegt aber weit weg von jeglicher Zivilisation.
Es gibt keine Bahn. Dort sollen sie alles urbar machen. Wenn das Land dann bearbeitet ist, so wird es ihnen wieder fortgenommen.
Danach werden sie auf ein neues Stück Land getrieben.
Wenn sie sich gegen die Verhältnisse auflehnen, werden sie niedergemacht.

69

Ich lege dir ein paar Zeitungsausschnitte über Argentinien bei. Werde dir auch einmal von Brasilien welche schicken.

Du schreibst, dass so viele Leute durch den Agenten alles verloren haben.

Es gibt überall schlechte Menschen. Zum Glück war ich immer geizig und gab die 100 Taler nicht her, die wir vom alten Wilmer geerbt hatten. Denn Wilhelm hatte doch auch nichts. Etwas bekamen wir für den Verkauf des Hausstands und so reichte das Geld gerade, um ins gelobte Land zu kommen.

Aber die erste Zeit hier möchte ich nicht noch einmal durchmachen.

Das Schlimmste ist, keine Seele zu kennen und die Sprache nicht zu beherrschen.

Liebe Schwester, ich glaube gern, dass euch mein Leben wie ein Traum vorkommt, insbesondere wegen der schrecklichen Zeit, die ihr durchgemacht habt.

Aber auch euch wird es bestimmt wieder besser gehen. Liebe Schwester, bei uns steht es sehr schlecht um die Arbeit. Die Männer haben in einem Monat nur sechs Tage gearbeitet.

Die Mieten sind sehr hoch. Kohlen kosten 2000 Pfund 16 Dollar.

Vor dem Krieg waren es 10 Dollar.

Gottlob hatten wir keinen starken Winter. Das milde Wetter hat den armen Leuten sehr geholfen.

Es tut uns sehr leid, dass der Paul in eine solche Lage geraten ist. Man soll sich nie in etwas einlassen, denn, wenn der Paul auswandern will, wird ihm die Haftstrafe ins Visum geschrieben. Amerika verweigert ihm dann das Anlanden.

Unsere Nachbarn ließen ihren Neffen kommen. Sie hatten ihm die Karte geschickt. Sie warteten einige Zeit, aber er kam nicht. Endlich bekamen sie Nachricht von ihm. Ihm war das Anlanden verweigert worden, weil er sich im Streit an einem Polizisten vergriffen hatte.

Dafür wurde er bestraft und das war auf dem Visum vermerkt worden.

Er war dennoch abgefahren, wurde aber mit dem nächsten Schiff wieder abgeschoben.

Also haben die Leute 150 Dollar verloren.

Es geht zu streng zu und dieses Jahr dürfen noch weniger einwandern.

Liebe Schwester, du machst dich doch älter als du bist. Du bist doch 1856 geboren und die Auguste 1854. So hab ich es in Mutters Gesangbuch gefunden. Denn das habe ich mit nach Amerika gebracht.

Ich habe es heute noch.

Ich werde am 1. Juni sechsundsechzig Jahre alt und du am 11. Juni achtundsechzig. Auguste ist am 12. Mai siebzig Jahre alt geworden.

Du bist doch mit Krauses Wilhelm in die

Schule gegangen.

Nun, liebe Schwester, ich lege dir wieder etwas bei.

Es ist nicht viel, aber besser als nichts.

Wenn du wieder schreibst, teile mir bitte mit, was du für den Dollar bekommst.

In der Hoffnung, dass ihr alle gesund seid, schließe ich mein Schreiben.

Herzliche Grüße von Wilhelm und Henriette.


Adams, den 18. Juli 1924

Liebe Schwägerin Luise!

Deinen lieben Brief haben wir erhalten und freuen uns, dass ihr noch gesund und am Leben seid. Auch wir sind soweit noch bei guter Gesundheit.

Wir pflücken momentan Kirschen. Die Bäume sind so hoch und wir haben Mühe, die Früchte herunter zu bekommen. Aber die Vögel helfen uns dabei.

Wie wird die Obsternte in Westfalen ausfallen? Hoffentlich gibt es reichlich Weizen, Korn und Kartoffeln. Seit einem Monat gibt es bei uns neue Kartoffeln. Die kommen aus Virginia.

Die Post wird jetzt von New York nach San Franzisko mit dem Luftschiff besorgt.

So dauert es nur zwei Tage.

Es wird ja jetzt ein Flug um die Welt gemacht.

Den größten Weg haben sie schon zurück-gelegt.*

Einer war in Sibirien verunglückt, ist aber mit dem Leben davongekommen. Die Deutschen wollten doch den Zeppelin am 4. Juli nach Amerika bringen.

Bis jetzt haben wir aber noch nichts davon gehört.** Vielleicht wollen sie noch abwarten, was die Konferenz am 16. in London ergeben wird. ***

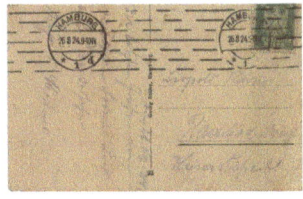

Einundfünfzigtausend Deutschen ist die Einwanderung jetzt wieder offen, aber die Arbeitsverhältnisse sind nicht gut.

Fast überall arbeiten die Fabriken nur an drei bis vier Tagen in der Woche. Wir in Renfrew arbeiten drei Tage, dann sind wir wieder zwei Wochen zu Hause.

Ich nehme mir die drei Tage immer noch mit, weil wir in diesem Jahr viele Ausgaben, 400 Dollar, hatten. Sollten wir aber wieder einmal fünfeinhalb Tage wöchentlich arbeiten, muss ich aufhören. Aber dieses Jahr wird es damit wohl nichts mehr.

Immer, wenn wieder Präsidentenwahlen sind, geht es dem Land schlecht. Es ist verwirrend.

Die Geldleute werden bestimmend sein und die kleinen Wähler wenig bewirken.

Wir haben jetzt die Hundstage. Die sind meistens kühl. Stürme haben hier großen Schaden angerichtet. Häuser wurden eingedrückt und Leute erschlagen. In einem Ort waren es dreitausend. So ging es den ganzen Sommer, bald hier, bald da.

Wir in Massachusetts sind dabei noch gut weggekommen.

In den deutschen Zeitungen liest man auch so viel über Wetterschäden. Ganze Felder sind von Schloßen verwüstet worden.

Bei uns kommt Hagel sehr selten vor.

Aber Länder, die nicht weit vom Meer entfernt liegen, bringt fast jedes Gewitter Schloßen - so in Boston. Wir liegen in der Mitte zwischen New York und Boston.

Liebe Luise, eure Schwester Auguste hat uns verlassen. Hoffentlich befindet sie sich an einem besseren Ort!

Auch wir müssen diesen Weg antreten.

Henriette wollte dir schreiben, aber da ich so viel Freizeit habe, übernahm ich das. Ich werde jetzt schließen.

In der Hoffnung, dass dich der Brief gesund antreffen möge, grüßen dich tausend Mal Henriette und Wilhelm Adam.

*Am 28. September 1924 gelang den beiden US-Amerikanern Lowell H. Smith und Erik H. Nelson der erste Flug um die Welt. Sie waren am 6. April 1924 in Seattle gestartet und trafen nach 57 Etappen und über 42.000 Flugkilometern auch dorthin wieder zurück.*

*Vor den beiden Amerikanern hatten fünf andere Nationen vergeblich eine Erdumrundung versucht.*

*Schon seit 20 Jahren gab es Flugzeuge.*

*Bei dieser Herausforderung ging es darum, ihre Eignung für den Lufttransport von Gegenständen und Menschen unter Beweis zu stellen, um die Möglichkeiten der Flugtechnik für die Zukunft aufzuzeigen.*

** Die Fertigstellung des Luftschiffes erfolgte im August 1924 – die Auslieferungsfahrt startete am 12. Oktober und endete nach über 81 Stunden in Lakehurst.*

*Das Zeppelin-Starrluftschiff, so der deutsche Name, legte 8050 Flugkilometer zurück. Seine Ankunft wurde von der amerikanischen Bevölkerung umjubelt. Für die Luftschiffer wurde eine Konfettiparade auf dem Broadway veranstaltet und sie wurden von Präsident*

*Calvin Coolidge offiziell im Weißen Haus empfangen. Nach einigen Umbauten wurde das neue Luftschiff von der Marine als fliegendes Laboratorium sowie als Schul- und Versuchsluftschiff mit dem jetzigen Namen ZR-1 „USS Los Angeles" verwendet.*

*\*\*\* In der Londoner Konferenz vom 16. Juli bis 16. August 1924 befasste man sich mit den Reparationsleistungen, die Deutschland zu zahlen hatte. Dabei gewährten die ausländischen Vertragspartner dem angereisten Reichskanzler Wilhelm Marx, Außenminister Gustav Stresemann und Finanzminister Hans Luther auch einen Kredit in Höhe von 800 Millionen Goldmark zur Stabilisierung der Weimarer Republik. Es war das erste Mal, dass Deutschland wieder in Verhandlungen einbezogen wurde.*

Adams, den 12. August 1924
Liebe Schwägerin und Kinder,
deinen Brief haben wir erhalten und ersehen daraus, dass ihr entschlossen seid, die Heimat zu verlassen. Wir können euch leider keine Auskunft über die Eisengruben geben.
Wir wissen so gut wie nichts darüber.
Aber die Kohlenarbeiter machen einen guten Lohn.
Michigan ist sehr weit von uns entfernt.

Die Witterungsverhältnisse sollen etwas kühler als in Westfalen sein.

Wir haben uns bei Bergleuten erkundigt, erhielten aber keine Auskunft.

Wir glauben, die Bedingungen werden auch nicht glänzend, jedoch angenehmer als bei euch sein.

Da ihr einmal entschlossen seid, so wagt es in Gottes Namen. Wir haben es ja auch getan.

Die erste Zeit ist die schwerste.

Alle sagten: „Wir bleiben nicht hier!" Uns ist es auch nicht anders ergangen.

Den Kopf stets hoch halten, gesund bleiben, das ist die Hauptsache!

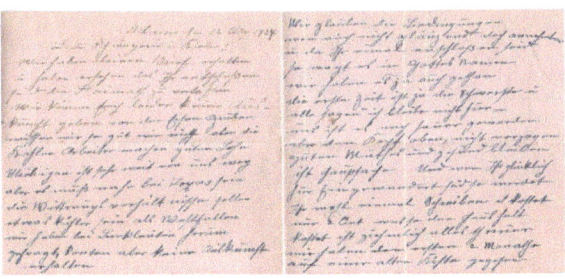

Und wenn ihr guten Mutes hier eingewandert seid, so schreibt bitte bald. Es kostet nur zwei Cent. Die Anschaffungskosten für einen Haushalt sind hingegen ziemlich hoch.

Wir haben während der ersten beiden Monate auf einer alten Kiste gegessen.

Gutes Essen werdet ihr schon erhalten.

Da werdet ihr wieder zu Kräften kommen. Und wenn es euch auch sauer wird, verzagt nicht! Wir hatten einen Brief mit zwei Dollar geschickt. Hoffentlich habt ihr ihn erhalten Ich glaube, ihr werdet diesen Brief noch rechtzeitig bekommen.*
Mit vielen herzlichen Grüßen verbleiben wir deine Schwester und Schwager nebst Kindern Henriette und Wilhelm Adam.

*Die Auswanderung von Luise Schroth und der Familie ihrer Tochter Emilie unterblieb.*

*Sie wäre illegal auf einem Frachter von Hamburg aus erfolgt.*
*Man hätte während der gesamten Überfahrt unter Deck verbringen müssen.*

*In Amerika angekommen, hätte man außerhalb eines Hafens an Land gehen müssen.*

*An dieser ihnen unbekannten Stelle würden die Neubürger von einer Person in Empfang genommen, die im Ernstfall jedoch abstreiten würde, etwas mit ihnen zu tun zu haben.*

Adams Mass., 5. 4. 1925
Liebe Schwägerin,
bald haben wir schon wieder Ostern. Da wollen wir dir ein paar Mark schicken, damit

du dir einen Kuchen backen kannst. Vielleicht gibt es jetzt bei euch alles für Geld zu kaufen, was du brauchst. Ist die Kohle immer noch so teuer wie zuvor? Es gibt doch wohl keine Marken mehr und alles ist frei erhältlich?

Gegen die Besetzung des Ruhrgebiets wird im Kongress lebhafter Protest erhoben. Wir wollen hoffen, dass er einen guten Erfolg haben möge. Das Geschäft geht etwas besser. Wir arbeiten fünf Tage wöchentlich. Aber die Steuern sind hoch; uns werden 25 Cent von jeden Dollar abgezogen.

Die Lebensmittel sind gottlob etwas billiger geworden. Der Zuckerpreis ist von 25 Cent auf 10 Cent gefallen; der Kohlenpreis von 20 auf 13,50 Dollar.

Der Winter scheint wohl vorüber zu sein. Der Schnee ist wieder verschwunden, aber der Wind weht kalt. Für heute will ich schließen und dir ein gutes Osterfest wünscht dir
dein Schwager Wilhelm.

*Henriette schreibt weiter:*

Liebe Schwester, nun werde ich dir ein paar Zeilen schreiben. Wilhelm war den ganzen letzten Sommer kränklich und fühlt sich auch jetzt noch nicht wohl. Aber Prutscharbeiten kann er verrichten, Hühner füttern, Holz spalten usw. Das hilft mir sehr, denn sonst sind das meine Aufgaben. Aber er ist nicht mehr so, wie er einmal war. Er ist so vergesslich geworden. Wenn ich ihm was sage, dann weiß er es bereits nach einer Stunde nicht mehr. Ich wasche immer noch die Wäsche für meinen Sohn, der die Bäckerei hat. Gestern habe ich 35 Küken bekommen. Noch sind sie in einer Holzkiste in der Stube. In drei Tagen kriege ich noch 30. Seit dem letzten Oktober habe ich um die 35 Hühner zum Schlachten verkauft. Dazu kommen die, die wir selbst geschlachtet haben. Jetzt hab ich noch 27 Hühner. Die legen sieben bis acht Dutzend Eier wöchentlich. Für sechs Dutzend habe ich einen bestimmten Abnehmer. Ein Dutzend kostet derzeit 45 Cent und ist somit gut bezahlt. Da muss man natürlich gut rechnen, denn wenn man keinen Profit macht, sollte man besser aufhören. Die jungen Hühner werden schon im Oktober zu legen beginnen. Zu Weihnachten steigen die Frischeierpreise immer an und liegen bei 90 Cent das Dutzend. Der Futterpreis ist allerdings auch ziemlich hoch. Diese Woche werde ich Sommersalat und Mohrrüben aussähen. Mohrrüben habe ich noch vom Vorjahr im Keller. Das ist auch für die Hühner gut.

Es macht zwar alles viel Arbeit, aber ich liebe es.

Zu deiner Frage zu Emma: Die wohnt eine Fahrstunde mit der Straßenbahn von uns entfernt.

Meistens kommt sie mit ihrer Familie einmal in der Woche nach Adams.

Sie haben ein Automobil. Ich bin so froh, dass sie sich gut verheiratet hat. So bin ich doch eines großen Kummers enthoben. Ich hoffe, dass deine Tochter Ida sich wieder gut verheiraten wird.

Sie hat es ja bisher auch schlecht gehabt.

Heute ist der Geburtstag von Max. Er ist zweiundvierzig Jahre alt. Wilhelm jun. wird achtundvierzig Jahre, Alfred sechsunddreißig und Emma zweiunddreißig Jahre.

Wenn man die Kinder sieht, weiß man, dass man alt wird.

Zu Wilhelm sage ich immer: „Wir haben doch nicht mehr lange zu leben, warum sollen wir uns da noch aufregen. Was kommt, das kommt".

Nun, liebe Schwester, werde ich schließen.

Mit den herzlichsten Grüßen verbleibe ich deine Schwester Henriette.


Adams, den 10. Mai 1926

Meine liebe Schwester!

Wir haben deinen lieben Brief und alle Drucksachen erhalten. Danke dafür! Wir sind, bis auf Max, alle gesund. Wir hoffen, dass es mit ihm auch besser wird. Er war den ganzen Winter sehr krank. Wir glaubten nicht, dass er noch einmal nach Hause kommen würde. Ich

habe ihn während seiner schlimmen Krank-
heitsphase zwei Mal besucht. Letzten Freitag
kam er zum ersten Mal auf drei Tage nach
Hause. Da fühlte er sich einigermaßen. Er
kann auch mehr essen, aber ob er noch einmal
ganz gesund wird, ist fraglich. Die Lungen
sind nun einmal krank. Er hustet viel und hat
starken Auswurf. Auch ist er heiser. Aber er
kann jetzt herumlaufen. Er darf doch nicht
immer im Bett liegen! Liebe Schwester, du
schreibst, dass er doch immer genug zu essen
gehabt haben wird. Das stimmt. Und weiter
berichtest du, dass in Deutschland so viele
wegen schlechter Ernährung die Schwindsucht
bekommen haben. Bei meinem Max kam es
von einer Erkältung. Vor drei Jahren hatte er
eine beginnende Lungenentzündung. Er hat
nicht genug darauf geachtet und ist zu früh
wieder zur Arbeit gegangen.
Liebe Schwester, ich habe jetzt immer viel
Arbeit. Muss den Garten bepflanzen und habe
fünfundvierzig Küken im Haus.
Die machen mir viel zu schaffen, denn man
kann sie jetzt noch nicht nach draußen tun.
Es ist immer noch so kalt, dass man den
ganzen Tag das Feuer anhaben muss.
Die Bäume sind noch nicht ausgeschlagen.
Bei euch werden sie gewiss schon blühen.
Dieses Jahr ist hier alles später.

Der Kohlepreis ist wieder um einen Dollar gestiegen, die kosten jetzt 16 Dollar.
Kartoffeln sind auch sehr teuer – es gibt 60

*Sanatorium in Adams, Mass.*

Pfund für 4 Dollar 75 Cent. So viel mussten wir schon lange nicht dafür zahlen. Unsere waren schlecht geraten. Sie faulten alle im Boden. Wir hatten mehr gepflanzt als geerntet. Der letzte Winter war hart.
Liebe Schwester, meiner Tochter geht es gut. Sie hat einen guten Mann. Er ist zu den Kindern gut. Er ist von französischer Abstammung. Du sagst, es müsse ihnen gut gehen, weil sie ein Automobil haben.
Meine Kinder haben alle, außer Max, ein Automobil.
Das älteste Mädchen von Max wird sechzehn und das jüngste dreizehn Jahre alt.

Meine liebe Schwester, da du die goldene Hochzeit allein feiern musst, weil deinem lieben Karl das nicht vergönnt war, nicht einmal die Silberhochzeit, so feiere diesen Tag nun im Kreise deiner Kinder. Wir schicken dir zwölf Dollar, dafür wirst du wohl 50 Mark bekommen. Es ist nicht viel – eine Mark pro Ehejahr! Da trink eine Tasse Kaffee und denke an Wilhelm und mich.

Hoffentlich erleben wir unsere goldene Hochzeit noch gemeinsam.

Sie ist am 9. 9. 1927.

*Und Wilhelm fügt hinzu:*

Liebe Schwägerin, ich sende dir herzliche Gratulationen zu deinem Ehrentag.

Wir wollen hoffen, dass wir noch ein paar Jahre glücklich zusammen verbringen werden.

Ich verfolge mit Interesse die Enteignung der kaiserlichen und fürstlichen Vermögen und hoffe, dass es dem armen Volke erhalten bleiben möge.

Wenn man bedenkt – 132 Milliarden Goldmark – soviel Gold gibt es auf der ganzen Welt nicht! Einen solchen Vertrag zu unterzeichnen, ist ein Wahnsinn!*

Die anderen Länder haben alle Milliarden von Amerika erhalten, damit sie die Deutschen schlagen konnten!

Aber hier in Amerika ist es ebenso.

Der Arbeiter wird von allen ausgeraubt –

nichts als Steuern.

Sieben Jahre lang haben wir Kriegssteuern zahlen müssen.

Wenn man sich nur von der Politik lossagen könnte!

Nun werde ich schließen. Henriette und ich hoffen, dass dich unsere Zeilen bei guter Gesundheit erreichen. Wir können von uns sagen, dass wir gesund sind.

Mit unseren herzlichen Grüßen an dich und deine Kinder verbleiben wir

deine Schwester Henriette und Schwager Wilhelm Adam.

*Im Londoner Zahlungsplan vom 30. 4. 1921 wurde durch die Alliierten Deutschland zu Reparationszahlungen von 132 Milliarden Goldmark verpflichtet - etwa 3 Milliarden jährlich.*

*Als es der Weimarer Republik nicht gelang, die Reparationsleistungen in voller Höhe zu erbringen, besetzten vorwiegend französische Truppen zusammen mit belgischen das Ruhrgebiet.*

Adams, den 4. Juni 1927
Liebe Schwägerin Luise!
Wir haben deinen lieben Brief erhalten und uns sehr gefreut, dass wir wieder etwas von dir erfahren konnten.

Es tut uns so leid, dass du dich so kümmerlich durchschlagen musst. Für die viele Arbeit, die du geleistet hast, könntest du wohl reich sein, wenn die Arbeit nach Verdienst bezahlt würde.

Henriette hat sich sehr über deine Gratulation gefreut. Jetzt gratulieren auch wir beide herzlich zu deinem Wiegenfeste.

Zu deinem frohen Feste,
da wünschen wir das Beste,
was Gott dir geben kann.
Gesundheit, langes Leben,
Zufriedenheit und Glück,
mag dir der Himmel geben,
bewahrt vor Missgeschick!

Liebe Luise, du hast von der großen Überschwemmung gelesen.

Wir sind tausende von Meilen weg vom Mississippi-Fluss.* Es ist die schlimmste Katastrophe seit 100 Jahren. Der Mississippi gehört zu den längsten Flüssen der Welt und ist über 3.700 km lang.

Zu beiden Seiten liegt das fruchtbarste Land von ganz Amerika. Zucker und Weizen gedeihen hier am besten.

Amerika steht wegen der Katastrophe vor einem Rätsel.

Man weiß nicht, was zu tun ist. Es sieht so aus, als wolle die Welt einen Purzelbaum schlagen.

Fast überall gibt es Erdbeben.

Auch wir hatten in den letzten zwei Jahren viel Unglück mit elementaren Ereignissen zu verzeichnen. Wir können gar nicht alles aufzählen; der ganze Brief würde davon voll werden.

Der Mai war bei uns ganz verregnet. Nur fünf Tage lang hat uns die Sonne Wärme gespendet.

Heute, am 4. Juni, regnet es auch wieder.

Die Kartoffeln sind erst jetzt aufgegangen.

Die Bäume standen in voller Blüte, aber der viele Regen hat ein schnelles Ende gemacht. So sind die Bäume und Fliedersträucher schon verblüht.

Henriette wollte dir schreiben, aber sie hat immer so viel Arbeit. Da nehme ich ihr das ab. Du müsstest zu lange warten und wir könnten unterdessen gestorben sein. Man weiß ja nie, wie lange man noch zu leben hat. Henriette wird nächstes Jahr siebzig.

Wir senden dir ein paar Mark. Kauf dir einen guten Kaffee dafür und lade deine Tochter ein.

Wie teuer ist bei euch ein Pfund Kaffee? Bei uns kostet es 55 Cent. Es gibt auch Kaffee zu 28 Cent.

Die Kartoffeln sind ziemlich teuer geworden. Es gibt bereits neue. Die kommen aus dem Süden.

Sie werden pfundweise verkauft.

Kürzlich hatten wir ein starkes Gewitter und danach ist es wieder so kalt geworden, dass viele junge Hühner gestorben sind. Es fehlt halt an Wärme und Sonne.

*Am 6. 6. 1927 schreibt er weiter:*

Heute ist Montag. Da hat Henriette einen Großwaschtag.

Wir sind ja nur noch drei, aber sie wäscht für den anderen Sohn, der die Bäckerei hat, und da kommt einiges zusammen.

Die Bäcker arbeiten in weißen Hosen, Jacken und Mützen.

Sie brauchen alle Tage einen reinen Anzug.

Da wünschen wir uns, dass montags die Sonne scheinen möge, aber das ist leider nicht immer der Fall.

Der Sommer scheint nicht gut zu werden. Es regnet fast täglich. Leider geht nicht alles so, wie wir Menschen es uns wünschen. Aber so

ist es wohl auf der ganzen Welt.

Liebe Luise, schreibe uns bitte bald.

So lebe nun wohl!

Mit vielen herzlichen Grüßen an dich und deine Kinder verbleiben wir

deine Henriette und Wilhelm Adam.

*Am 15. April 1927 setzten heftige und andauernde Regenfälle ein, die zu einen Jahrhunderthochwasser führten. Über dem gesamten Mississippital und den angrenzenden Bundesstaaten ging sintflutartiger Regen herunter. Der Mississippi erlangte stellenweise eine Flussbreite bis zu 97 km. 700.000 Menschen wurden evakuiert.*

Adams Mass., den 4. März 1928

Liebe Schwester!

Deinen lieben Brief haben wir erhalten und freuen uns immer, etwas Neues zu hören. In unserem letzten Brief vergaßen wir die Fotos beizulegen. Sie sind nicht besonders gut: Es war ein trüber Tag und schöner wird man halt auch nicht.

Liebe Schwester, ich habe alle abgelichteten Personen nummeriert. Also Nr. 1 und 2 sind unser ältester Sohn Wilhelm und seine Frau, Nummer 3 und 4 sind Alfred und Frau, Nummer 5 und 6 sind Tochter Emma und ihr Mann, Nummer 7 ist unser Sohn Richard, der noch zu Hause lebt. Der kranke Max und seine Familie sind nicht dabei. Der älteste Sohn von Emma war auch nicht anwesend. Ihre Tochter ist zehn und der Sohn sieben Jahre alt. Vom zweiten Mann hat sie einen vier Monate alten Jungen.

Sie waren gestern wieder bei uns. Ihr Mann hatte sich die Zähne ziehen lassen.

Liebe Schwester, ich musste lachen, weil du geträumt hast, bei uns ginge es armselig zu. Luxus habe ich nicht. Ihr habt vielleicht schönere Sachen als ich, aber ich habe es so, wie es für meinen Stand passt.

Mir ist das Geld lieber.

Als ich jung war, hätte ich es gern schön gehabt. Da konnte ich es mir nicht leisten und jetzt bedeutet es mir nichts mehr.

Meine Kinder haben alle einen schönen Hausstand, was soll da mit meinen Sachen werden? Da bleibt noch genug zum Anzünden.

Meine Jungen haben alle Automobile, bis auf den kranken Max.

Auch meine Tochter hat ein schönes Auto. Die nehmen uns immer mit und wir fahren weite Strecken. Da ist der Sommer schnell vorüber.

Liebe Schwester, du schreibst, dass deine Gedanken so oft bei uns sind. Genauso geht es mir. Ich bin so oft gedanklich in Hausdorf. *

Ich sehe noch jeden Strauch vor mir und jedes Wäldchen, wo ich mit der Mutter Himbeeren

90

gepflückt und wir in die Pilze gegangen sind!
Auch denke ich oft daran, wie du, liebe Luise,
Karoline und ich beim Bauern Seidel den
Gemüsegarten gejätet haben. Ebenso erinnere
ich mich oft an Gottlieb Welz, wo ich mit dem
kleinen Gottlieb gespielt habe. Und wie die
Karoline mir immer den Schulsack voll
gebackener Birnen gegeben hat. Weißt du
noch, wie du bei Gottlieb Welz in Stellung
warst?
Und wie ihr mit eurem Spinnrad oft zum
Totengräber Grosser gegangen seid? Und wie
du und die Auguste für Hell spinnen musstet.
Ihr hattet das Spinnrad neben unserer Haustür
abgestellt und die Kiepe beim Armenhaus.
Liebe Schwester, der Wilhelm Krause ist doch
mit uns in die Schule gegangen. Jetzt ist er
unser Nachbar. Wir halten gut zusammen.
Er kann sich an dich nicht erinnern. Er wird
einundsiebzig Jahre alt. Du weißt doch wohl,
dass Rose Krause seine Mutter war. Sein Vater
war ein Sohn von Deckert, der die Sägemühle
an der Schule über dem Wasser hatte.
Sicher wird sich da auch viel geändert haben.
Immerhin sind wir am 27. Juli schon 47 Jahre
in Amerika.
Aber in Gedanken bin ich oft bei euch. Ich
erinnere mich noch genau, wie ich nach
Sophienau und zu Vaters Schwester und dem
Kapschl, zur Auguste zum Bauern Thaler in

Dumner ging.

Ja, lang ist´s her!

Es tut mir leid, dass uns unsere Schwester Auguste verlassen hat, aber sie hat alles hinter sich. Leider kann ich niemals vergessen, wie schlecht sie mich behandelt hat! Als unsere Mutter gestorben war, holte der Vater mich heim. Ich war damals gerade in Dittersbach. Sie, als älteste Schwester, sollte mir die Mutter ersetzten. Ich war ja erst fünfzehn Jahre.

Aber es ging keine Woche vorbei, wo sie mich nicht geschlagen hat. Bis ich es satt hatte und beim Gastwirt Egeler in Stellung ging.

Dort war ich ein Jahr und neun Monate.

Vater verkaufte das Haus und heiratete. Und Auguste auch! Dann kam das Unglück mit ihrem Mann und wir hatten sie wieder im Haus.

Zu meinem Ärger war sie dann mit dem versoffenen Korn zusammen. Das hat mich meist fort getrieben. Ich konnte es nicht mehr mit ansehen. Trotzdem war ich immer stolz auf meine Familie gewesen.

Nun, liebe Schwester, habe ich dir mein Herz ausgeschüttet.

Wir hatten einen schönen Winter. Es gab wenig Schnee, aber es war oft sehr kalt.

Heute scheint die Sonne schön warm. Von unserem Sohn Max kann ich nicht viel schreiben. Es geht ihm immer gleich. Seiner

Frau geht es besser, aber wie lange weiß man nicht. Sie ist magenkrank. Du kannst dir sicher denken, wie mir manchmal zu Mute ist.

Nun werde ich schließen in der Hoffnung, dass ihr alle gesund seid. Wilhelm und mir geht es auch gut.

Froh bin ich, dass wir immer noch beisammen sind.

Herzlich grüßen euch alle

Wilhelm und Henriette.

*Hausdorf hatte 1939 - 4364 Einwohner, 2017 waren es 3200 Einwohner. Es liegt im Waldenburger Bergland in Schlesien, wie auch alle im Text genannten Orte.*

Adams, den 5. Juni 1928
Liebe Schwägerin Luise!
Deinen Brief vom 20. April haben wir erhalten mit den Bildern der alten Leute. Es gibt wohl in jedem Land sehr alte Leute, aber die meisten sterben, ehe sie siebzig Jahre alt sind.

Am 11. Juni hast du deinen Geburtstag und Henriette und ich gratulieren dir dazu herzlich. Wenn wir mit dem Flugzeug Bremen,* das nach sechsunddreißig stündigem Flug auf Greenley Island, 200 Meilen von New York entfernt, landete, hätten auf dem Rückflug mit nach Deutschland gelangen können - das Wiedersehen wäre schön geworden! Aber beim Landeanflug stieß die Bremen an eine Steinmauer und die Flügel zerbrachen. Danach geschah ein Motorausfall und so konnte es diese Woche nach Deutschland zurückkehren, aber nicht aus eigener Kraft, sondern per Dampfer!

Über das große Wasser zu fliegen, ist immer noch eine gefährliche Sache.

Das Häuschen auf dem Foto ist eine Garage. Da hat unser jüngster Sohn sein Automobil drin.

Ja, das Radio ist eine schöne Erfindung.

Wir haben es auch in der Küche stehen.

Nach dem Abendessen hören wir es so deutlich, als wären die Sprecher in der anderen Stube. Wir hören manchmal etwas von London, aber bis rüber zu euch geht es noch nicht. Oft singen sie auch deutsche Lieder und spielen Komödien.

Da stimme ich dir zu, dass es schön wäre, mit dir noch einmal mündlich zu reden. Ich glaube, wir könnten uns viel erzählen.

Wir sprechen noch gut deutsch und auch unsere Kinder, aber bei den Kindeskindern da hört es auf.

Wir hatten diesen Winter nicht viel Schnee. Es war das reinste Aprilwetter. Bald schien die Sonne, bald schneite es wieder. Das Frühjahr war sehr ungünstig und kalt. Während der ersten Hälfte gab es nur Regen.

Am 1. Juni, Henriettes siebzigsten Geburtstag, war es sehr schön. Alles stand in voller Blüte, bloß wir sind gänzlich verblüht!

Alle Jahre kommt der Frühling, ist der Winter vorbei, aber der Mensch hat nur einen einzigen Mai.

Unser Sohn Max ist diesen Sommer zu Hause und es geht ihm besser.

Henriette ist auch noch rüstig und arbeitet den ganzen Tag.

Aber ich tauge nicht mehr viel.

Das Wasserlassen macht mir viele Beschwerden, aber es gibt kein Mittel dafür und ich bin immer so müde.

Das Arbeiten wird mir alles zu viel.

Heinrich Tauch ** hat uns einmal geschrieben. Er ist pensioniert und fragt, wie es uns geht und ob wir noch leben.

Liebe Luise, du schreibst, dass dich der Besuch von Heinrich Tauchs Frau sehr gefreut hat. Wie schön, dass sein Gemälde schöne Jugenderinnerungen in dir wachrufen.

Aber die Erinnerung vergoldet manches.

Für heute soll Schluss sein!

Hoffentlich verbringst du deinen Ehrentag gut im Kreise deiner Lieben.

Viele liebe Grüße senden dir zu deinem Geburtstag und wünschen dir vor allen Dingen Gesundheit, deine Schwester Henriette und Schwager Wilhelm.

Adams, den 20. September 1928
Liebe Schwägerin!
Deinen lieben Brief haben wir erhalten. Gott sei Dank sind wir immer noch am Leben.
Heute ist wieder ein Regentag, der zweite in dieser Woche. So viel Regen wie in diesem Sommer haben wir schon lange nicht gehabt. Eigentlich war die Jahreszeit recht schön, nur viel zu nass.
Die Kartoffeln verfaulen im Boden. Es lohnt kaum, sie zu ernten.
Die Kirschen faulen auf den Bäumen. Die wenigen, die wir gepflückt haben, hat Henriette sofort eingekocht. Die Birnen hat uns der Sturm noch ganz grün abgerissen. Jetzt sind die Pfirsiche gerade reif.
Wir wünschen, wir könnten dir einen Korb voll davon schicken. Dieses Jahr hatten wir nicht so viele Beeren, aber der Kohl scheint gut zu werden. Das Korn war auch gut; wir essen das gekocht.
Das Gras wuchs so schnell.
Aber um Heu zu machen, fehlte der Sonnenschein einfach.

Häufig sind wir auch weggefahren. Unser Schwiegersohn hat uns oft mitgenommen.

Max war diesen Sommer zu Hause. Da ging es ihm viel besser.

Überall sind Reparaturen zu erledigen. Grund sind die großen Überschwemmungen vom 12. November letzten Jahres. In Adams mussten acht neue Bücken gebaut werden. An der größten wird jetzt noch gearbeitet. Sie liegt nur fünf Minuten von unserem Haus entfernt. Da werden wir wieder einiges berappen können. Für die Arbeitslosen ist das jedoch gut! Hunderte haben während des ganzen Jahres Beschäftigung gehabt.

Liebe Schwägerin, bei uns sind auch viele Leute im Krankenhaus. Da ist es gut, dass die Meisten zu Vereinen gehören und so Krankengeld erhalten. Aber besser ist, wenn man gesund bleibt! Jetzt, da wir unser Auskommen haben, möchten Henriette und ich noch gern ein paar glückliche Jahre erleben. Dass auch du mit deinen Kindern immer recht gesund bleiben mögest, hoffen wir. Schreib uns bitte recht bald. Wir freuen uns stets, von euch zu hören.

Mit vielen herzlichen Grüßen verbleiben wir Henriette und Wilhelm Adam.

*Henriette fügt hinzu:*

Liebe Schwester, ich war heute Morgen bei Krauses. Dort war auch der Lokwerz gewesen.

Er war den ganzen Sommer lang in Deutschland – auch bei Heinrich Tauch. Der hatte uns schon einmal einen Brief durch eine Verwandte von Frau Krause zukommen lassen. Wir hatten ihm aber bis jetzt noch nicht geantwortet. Den Lokwerz haben die Tauchs gebeten, uns zu übermitteln, wir sollten ihnen doch einmal schreiben. Sie wollen nichts von uns haben. Es ginge ihnen gut. Wir hatten sie völlig aus den Augen verloren. Natürlich werden wir ihnen jetzt einmal schreiben.

Aber es fällt immer schwerer.

Liebe Schwester, schon immer wollte ich dich fragen: Schreibst du die Briefe alle selbst oder schreibt sie deine Tochter? Ich beneide dich jedes Mal, weil du so gut schreiben kannst und so schöne Briefe. Da hast du mehr als ich gelernt. Ich schäme mich, dass es mir nicht besser gelingt. Heute, am Geburtstag meines Schwiegersohns, steht ein bunter Blumen-strauß auf dem Küchentisch. Da wird uns unser Sohn bestimmt mit dem Automobil hinfahren.

Sei vielmals gegrüßt von
deiner Schwester Henriette.


Adams, den 31. Mai 1929
Liebe Schwägerin Luise!
Deinen lieben Brief haben wir erhalten und der mit den Drucksachen kam eine Woche später.

Es war sehr interessant zu lesen, wie alt ein Mensch werden kann.

Aber die Mehrzahl stirbt doch an verschiedenen Krankheiten.

Ich werde am 24. März 1930 achtzig Jahre.

Liebe Luise, da dein Geburtstag am 11. Juni ist, habe ich rechtzeitig geschrieben, damit unsere herzliche Gratulation nicht zu spät kommt. Es ist immer ungewiss, ob man noch einmal einen Geburtstag erlebt.

Dein Brief mit der schönen Karte kam eine Woche vor Henriettes Ehrentag an.

Wir hoffen, dass wir noch ein paar schöne Jahre bei guter Gesundheit verleben dürfen.

Dieses Frühjahr hatten wir kaltes und nasses Wetter.

Aber ab dem 26. ist es plötzlich so heiß, dass wir nachts nicht schlafen können.

Vielleicht scheint in Westfalen die Sonne auch warm?

*Am nächsten Tag schreibt Henriette weiter:*

Liebe Schwester, heute ist es bereits wieder kalt. Da müssen wir heizen.

Du schreibst, dass dein Schwiegersohn an Rheumatismus erkrankt ist

Das ist bedauerlich.

Wilhelm war in diesem Winter auch schwer krank. Bald hätte ich ihn verloren! Seit der Krankheit geht es ihm noch nicht gut.

Gottlob bin ich immer noch gesund.

*Adams, Mass.*

Jedoch drückt mich der Kummer wegen Max sehr.

Ich denke, ich habe dir bereits geschrieben, dass seine Frau ihn nicht mehr haben will, weil er wegen seiner Krankheit nicht mehr arbeiten kann.

Er kommt immer zu mir und beklagt sich darüber. Das schmerzt so sehr, dass ich manchmal denke, es wäre besser gewesen, wenn er gestorben wäre.

Meine Schwiegertochter und ich sprechen nicht zusammen. Sie hasst mich genauso wie den Max.

Sie hat vergessen, was wir alles Gutes für sie getan haben und wird es erst einsehen, wenn es zu spät ist.

Die beiden Mädchen sind neunzehn und sechzehn Jahre alt. Die jüngere ist wie ihre Mutter! Sie schaut mich nicht an. Aber die

Älteste hält zu ihrem Vater und zu mir. Sie besucht uns auch. Mit ihrer Mutter bekommt sie deshalb immer Ärger. Beide Mädel arbeiten.

Die Ältere verdient achtzehn bis zwanzig Dollar wöchentlich, die Kleine die Hälfte.

So kommen sie seit der Krankheit von Max durch das Leben.

Ich habe viel Kummer. Er frisst in mir.

Wenn ich mich nur einmal richtig aussprechen könnte! Bitte erwidere nichts davon in deinen nächsten Briefen, denn Wilhelm möchte nicht, dass es unter die Leute kommt.

Die anderen Schwiegertöchter sind alle so gut zu mir, auch mein Schwiegersohn. Er hat französische Eltern. Er ist so nett und ich mag ihn wie meinen eigenen Sohn.

Liebe Schwester, heute sind wir zur goldenen Hochzeit bei Wilhelm Krause eingeladen. Du wirst dich noch an Rose Krauses Sohn erinnern?

Zu meinem Geburtstag habe ich schöne Geschenke bekommen. Der Alfred hat mir eine große Torte gebacken.

Am 5. Juni werde ich mein Wiegenfest feiern.

Ich schicke dir einen Dollar für Kaffee mit und Wilhelm einen Dollar für deine Tochter.

Wir sind doch bloß noch zwei Schwestern.

Mit den besten Wünschen schließe ich und hoffe, dass ihr alle gesund seid.

Viele Grüße von deiner dich liebenden
Schwester Henriette und Schwager Wilhelm
Adam.

Adams, im Dezember 1929
Liebe Luise und Kinder! Wir haben deinen
Brief am 6. Dezember erhalten. Es war uns
eine große Sorge vom Herzen genommen
worden. Wir glaubten sicher, unser Brief wäre
verloren gegangen. Es ist immer so unsicher,
Geld in Briefen zu versenden. Nun, da alles so
gut abgelaufen ist, will ich doch noch ein paar
Worte schreiben, ehe das alte Jahr zu Ende
geht.
Die Aussichten für das neue Jahr sind trübe
wegen der Geldentwertung und des
Bankwesens.
Wenn wir auch einmal alles verlieren sollten,
so bliebe uns weiter nichts als unser Haus.
Da die Leute hier keine Arbeit haben, können
sie auch keine Miete bezahlen. Wir haben drei
Familien im Hause; da fehlt uns die Miete
sehr. Wir können die Leute auch nicht auf die
Straße setzen.
Was, alles noch geschehen wird, das kann man
nicht vorhersagen.
Die Zeitungsausschnitte von dir sind auch sehr
interessant.
Der von den Blaubeeren erinnert uns sehr an
die Heimat.

Henriette, ich und unsere Söhne sind im Oktober auch drei Mal in den Beeren gewesen. Es gab sehr viele, aber wir mussten weit mit dem Auto fahren. Mit dem Laufen geht es nicht mehr gut.

Liebe Luise, in diesen Stunden bin ich in Gedanken oft in der schlesischen Heimat. Wie oft bin ich mit der Mutter in die Beeren oder in die Pilze gegangen.

Jetzt machen wir es aus Vergnügen.

Das Wetter ist sehr veränderlich – einen Tag Winter, den anderen Sommer.

Heute, Sonnabend, war ein richtiger Frühlingstag. Zuvor hat es die ganze Woche geregnet. Auch haben wir Schnee schaufeln müssen.

Da oben wollen sie den Leuten Beschäftigung geben.

Was wird das wieder für ein Winter werden?

Viele haben jetzt eine Ölfeuerung statt der Kohle.

Herzliche Grüße und Küsse von
Henriette und Wilhelm Adam.

Adams, den 30. Juli 1930
Liebe Schwägerin Luise!
Wir haben deinen Brief erhalten und freuen uns stets zu hören, dass ihr alle gesund seid.

Wir hatten eine sehr schöne Frühjahrs- und Sommerzeit. Es gab keinen Frost, jedoch viel warmen Sonnenschein und geregnet hat es auch genug. Da konnte alles in Hülle und Fülle gedeihen.

So steht das Gemüse üppig im Garten. Es sieh wie im Paradies aus. Baumfrüchte haben wir im Überfluss. Wir wünschen, wir könnten dir davon abgeben. Wir hatten so viele Kirschen, dass wir nicht wussten, was wir damit anfangen sollten.

Aber jetzt ist der Sommer fast zu Ende und ich fürchte mich vor dem Winter. Meine Füße werden nicht mehr warm und ich muss nachts häufig aufstehen und Wasser lassen, manchmal alle halbe Stunde.

Die Wirtschaft geht auch sehr schlecht! Die Leute sind die ganze Woche zu Hause, weil die Arbeit fehlt. Niemand weiß wirklich, woran das liegt.

Ich hab es jetzt so schön. Jeder Tag ist ein Feiertag für mich! Wir leben gut und können uns viel leisten. Bloß das Alter macht Beschwerden. Aber jeder Mensch hat etwas, das ihm nicht gefällt.

Bei der Reisegesellschaft, die Anfang Juli von hier nach Deutschland ging, war ein Mann dabei, der einundneunzig Jahre alt war.

Der Preis für die Hin- und Rückfahrt von New York nach London beträgt 180 Dollar.

Von London nach Holland und weiter nach Deutschland ist es sehr billig. Wären wir nicht so alt, wären wir vielleicht mitgekommen. Henriette hatte große Lust, aber unser Sohn lag doch im Sterben.

*Nun schreibt Henriette weiter:*

Liebe Schwester, so teile ich dir mit, dass Max am 19. Juli nach schwerem Kampf entschlafen ist. Er hat noch neun Wochen fest gelegen. Das war eine schwere Zeit für mich. Da bricht einem das Herz!

Es sind in diesem Monat fünf Jahre, dass er krank war.

So wollen wir ihm gern die Ruhe gönnen. Er wurde siebenundvierzig Jahre alt.

Er hatte ein sehr schönes Begräbnis. Es waren zwanzig Automobile. Und die vielen Blumen! Ein eigens dafür bestimmtes Automobil brachte die Blumen auf den Friedhof.

Liebe Schwester, mit der Zeit kommt auch die Reihe an uns. Wilhelm fühlt sich gar nicht gut und ich auch nicht.

Und die Arbeit reißt nicht ab.

Wir hatten 30 Kilogramm Erdbeeren und 60 Kilogramm Himbeeren im Garten, den ich noch immer selbst besorge. Im Winter kann ich ja ruhen.

Mein Amt in der Loge habe ich auch niedergelegt.

Ich war dreizehn Jahre Sekretärin, ein Jahr Vize-Präsidentin und drei Jahre Präsidentin. Jetzt brauche ich doch nicht mehr in jede Versammlung zu gehen, ich habe ja schon alle Ämter bekleidet.

Zur Verabschiedung bekam ich für meine langjährige Dienstzeit ein Goldstück geschenkt.

Liebe Schwester, ich werde dir ein anderes Mal von meinem Sohn schreiben. Jetzt ist mein Kummer noch zu groß.

Wir legen dir zwei Dollar in den Brief. Dafür gönne dir etwas Gutes. Das ist das einzige, was wir noch für dich tun können.

Nun schließe ich in der Hoffnung, dass ihr alle gesund seid.

Herzliche Grüße von deiner Schwester und Schwager Henriette und Wilhelm.


Adams, den 3. 12. 1930
Liebe Schwägerin Luise
In drei Wochen haben wir Weihnachten. Da ist bald wieder ein Jahr in die Ewigkeit verschwunden. Seit deinem letzten Brief sind Frühling, Sommer und Herbst vergangen.

Wir hatten den schönsten Sommer! Alle Tage Sonnenschein, ohne Regen und Gewitter. So herrschte eine große Trockenheit und das Wasser war so knapp geworden, dass wir im Garten nicht gießen durften. Aber wir sind mit unserer Ernte zufrieden. Nur für Kohl und Gurken war es zu trocken. Leider hatten wir wenige Kirschen, weil die Bäume von einem

Schädling befallen waren. Aber die Pfirsiche trugen gut. Da hat Henriette viel für den Winter eingekocht. Wir haben einen ganzen Schrank voll Gläser davon.

Unsere Hühner haben auch fleißig gelegt. Da waren die Eier billig, 35 Cent das Dutzend, jetzt kosten sie das Doppelte. Die jungen Hühner haben in dieser Woche die ersten Eier gelegt.

Kartoffeln sind in diesem Jahr noch einmal so teuer wie im Vorjahr.

Die letzten Novembertage waren sehr kalt. Die Fenster waren vollständig zugefroren. Es hat auch schon ein paar Mal ein wenig geschneit.

Es sah sehr schön aus. Der Schnee war an allen Bäumen und Sträuchern hängen geblieben.

Nun, liebe Luise, wie war der Sommer in Westfalen? Ist alles gut geraten? Haben Gewitter Schäden angerichtet?

In der letzten Zeitung stand, dass die Soldaten aus Deutschland abgezogen worden sind.*

Bei der Gelegenheit wollten wir dich fragen, ob es wohl schwarze Kinder am Rhein geben mag von der Einquartierung, die so viele Jahre in Deutschland war?** Wir können uns das gut vorstellen, dass nach dem Abzug der Franzosen alle Glocken geläutet haben!

Die haben gewiss keinen guten Ruf hinterlassen.

Adams, Mass.

Nun grüßen dich und deine Kinder und wünschen euch ein frohes Weihnachtsfest und ein gutes neues Jahr, deine Schwester Henriette und Schwager Wilhelm.

*Und Henriette schreibt:*

Liebe Schwester, Weihnachten steht vor der Tür und das neue Jahr ebenso. Möge es besser beginnen als das alte.

Wilhelm und ich haben vor 34 Jahren eine Lebensversicherung über 1.000 Dollar für jeden abgeschlossen. Wie sich jetzt herausstellte, haben wir 1500 Dollar verloren. Weshalb, konnten wir nicht herausfinden. Die Wahrheit brachten wir nicht in Erfahrung. Man kann sagen, sie haben unsere Akten angeblich rausgeworfen. Vielleicht haben sie auch die Raten so erhöht, dass wir sie nicht tragen konnten. Es ist uns schleierhaft. Wir haben uns derart geärgert, dass wir beide richtig krank waren! Aber da werden wir wohl weiter nichts unternehmen können.

Wir trösteten uns mit den armen Menschen in Deutschland, die alles verloren haben.

Wir brauchen deshalb keinen Hunger zu leiden.

Liebe Schwester, wir schicken dir wieder etwas zu Weihnachten. Man weiß nicht, ob es das letzte Weihnachten sein wird.

Solange wir beiden Schwestern leben, werde ich dich nicht vergessen.

Ich bin nur froh, dass unser Sohn Max nun seine Ruhe hat. Wenn ich dir schreiben würde, wie dessen Frau ihn behandelt hat! Dennoch hat es ihm an nichts gefehlt, dafür habe ich gesorgt. Er hat neun Wochen gelegen. Da habe ich ihr fünf Dollar wöchentlich gegeben, damit sie ihm das Bett macht. Essen und Trinken habe ich ihm täglich gebracht. Zu den Leuten, die ihn besuchten, hat er gesagt, er wäre schon lange tot, wenn es seine gute Mutter nicht gäbe.

So kannst du dir einen Begriff machen, wie sehr wir beide gelitten haben.

Er hatte mich als Begünstigte in seiner Versicherungspolice angegeben, damit gewährleistet sein würde, dass er ein ordent-liches Begräbnis erhält. Er hatte drei Jahre lang eingezahlt. Da waren nach Abzug der Beerdigungskosten noch 400 Dollar übrig. Die habe ich seiner Familie übergeben. Ich wollte davon nichts haben! Es hätte mich nur unglücklich gemacht.

Mir tut die älteste Tochter leid. Ihre Mutter behandelt sie nicht gut. Manchmal kommt sie zu uns. Sie ist jetzt 20 Jahre alt. Die Frau von Max und seine jüngste Tochter haben beim Begräbnis keine Träne vergossen und hatten auch keine Blumen gekauft. Aber er hatte so viele Blumen, dass ein extra Automobil sie auf den Friedhof fahren musste.

Nun, liebe Schwester, erwähn nichts im nächsten Brief davon, dass wir das Geld von der Lebensversicherung verloren haben.

Wilhelm würde es ärgern, wenn er wüsste, dass ich dir das geschrieben habe. Er möchte nicht, dass du, wenn wir dir etwas schicken, glaubst, dass wir darben und es uns vom Munde absparen müssen. Ich habe schon mein Auskommen.

Unser jüngster Sohn ist noch unverheiratet und lebt zu Hause. Dann haben wir die Rente und die Hühner. Da stehen wir uns ganz gut.

Meiner Schwiegertochter, vom verstorbenen Max, geht es schlecht. Ihre beiden Mädel haben keine feste Arbeit und die Mutter ist meistens krank. Sie hat es am Magen. Da muss ich auch manches Mal aushelfen.

Liebe Schwester, ich bin froh, dass ich schon so alt bin und nicht mehr so lange zu leben habe. Da brauche ich das Elend nicht mehr so lange mit anzusehen. Auf vollständige Gesundung habe ich keine Hoffnung und meine Zuckerkrankheit ist auch eine Plage.

Meine liebe Schwester, nun wünsche ich dir fröhliche Weihnachten und ein glückliches neues Jahr

deine dich liebende Schwester Henriette.

* *Am 22. Juli 1930 fanden in Koblenz die nationalen Befreiungsfeierlichkeiten des Rheinlandes statt.*

** *Während der rechtsrheinischen Besatzung durch die Alliierten bis 1930 wurden 385 afrodeutsche Besatzungskinder amtlich erfasst. Man geht aber nach neueren Forschungen von 500 bis 800 Kindern brauner Hautfarbe aus.*
*Viele Soldaten der französischen Armee stammten aus den afrikanischen Kolonien.*

Adams, den 1. Dezember 1931
Liebe Schwägerin Luise!
Dein liebes Schreiben haben wir erhalten und freuen uns, dass ihr alle gesund und munter seid. Das ist auch bei uns der Fall.
Wir hatten einen sehr schönen Herbst.

Obwohl es morgens manchmal weiß war, machte die Sonne es wieder gut. Im ganzen Land gab es schon Schneestürme und Überschwemmungen, sowie Stürme, die Häuser einrissen.

Aber wir sind verschont geblieben.

Ende November ging eine Kältewelle auch über uns hinweg. Die Kälte sank unter 0 Grad Fahrenheit. Das sind rund minus 18 Grad Celsius. Da sind viele Leute verunglückt und gestorben. Es gab hohe Schneeverwehungen und viele Automobile blieben stecken.

Heute haben wir Regen und es ist alles wieder grün. Auch bei euch gab es überall Überschwemmungen in Deutschland, Belgien Frankreich, Österreich und Ungarn.

Die ganze Welt scheint in Aufruhr zu sein.

Die Arbeitslosigkeit ist bei uns genau so hoch wie überall. Unser Ort hat in diesem Winter 100 Leuten Arbeit verschafft. Sie wechseln sich wochenweise ab.

Einige Hunderte müssen unterstützt werden. So ist es im ganzen, reichen Amerika!

Wie soll es erst dem armen Deutschland mit seinen 6,66 Millionen jährlicher Reparaturleistungen in Gold ergehen? Frankreich hat extra Keller bauen lassen und weiß nicht, was es mit dem vielen Gold anfangen soll.

Liebe Schwägerin, ich fühle mich auch nicht gut. Habe mir den Fuß verstaucht. So kann ich nicht laufen und Henriette muss alles allein versorgen. Mitte November ist eine Familie aus unserem Haus ausgezogen. Da hatte Henriette viel zu tun!

Vier Zimmer und Decken hat sie neu tapeziert. Beim Streichen hat ihr an zwei Sonntagen unser Ältester geholfen. Er wohnt neben uns. Es ist ein sehr guter Mensch und stets bereit, uns zu helfen - wie alle unsere Kinder.

Wir hatten gefürchtet, dass wir in diesem Winter keine neuen Mieter finden würden, aber es ist gleich eine andere Familie eingezogen. Unsere Wohnungen sind sehr schön und günstig.

Wir können nicht so habgierig sein.

Sie bezahlen 12 Dollar monatlich.

Überall ist die Miete höher.

*Und Henriette schreibt:* Meine liebe Schwester, ich hätte eine Bitte an dich. Wenn

113

du dich an dem Bild von Heinrich Tauch satt gesehen hast, würdest du dich für ein paar Wochen davon trennen? Ich möchte es auch einmal sehen. Natürlich schicke ich es dir wieder zurück!

Liebe Schwester, ich erzähle Wilhelm oft von Hausdorf. Aber er kann sich alles nur vorstellen. Weißt du noch, wie wir für Hellen spinnen mussten? Und wie wir die Kiepe bis zum Armenhaus getragen haben? Und das Spinnrad neben unserer Haustür? Weißt du noch, wie Schwester Auguste mir den Flecken auf das armselige Kleid genäht hat und wir immer hungrig waren? Ich musste oft bei Gottlieb Welz Kartoffeln und Erbsen aus dem Schweinestall holen. Ob der kleine Gottlieb und die Karoline noch leben mögen, frage ich mich oft. Weißt du noch, wie ihr immer zum Totengräber Grosser mit dem Spinnrad gelaufen ward, um einen lustigen Abend zu verbringen. Und wenn ich auch einmal hin kam, wie die Pauline Ruhm mich zur Tür raus stieß und sagte, ich passe nicht zu ihnen. Den Abend werde ich wohl nie vergessen, als dich ein junger Mann immerfort neckte. Ich sehe ihn genau vor mir, weiß seinen Namen jedoch nicht mehr.

Du mochtest die Neckerei nicht und stachst ihn mit einer Haarnadel. Der Stich entzündete sich und er bekam eine schlimme Hand.

Das Getratsche und die Angriffe im Ort nahmen kein Ende, sodass du schließlich nach Weißstein in Stellung gegangen bist.

Liebe Schwester, in Gedanken bin ich so oft in Hausdorf. Es wird sich ja auch vieles verändert haben. An meinem Hochzeitstag war ich das letzte Mal dort. Das sind nun vierundfünfzig Jahre her. Am 27. Juli waren es fünfzig Jahre, dass wir in Amerika angekommen sind.

Da war man lebenslustig. Da machte man sich keine Sorgen. Arbeit gab es genug! Und jetzt laufen Tausende ohne Arbeit umher. Viele haben nicht genug zum Essen. Da tut einem das Herz weh.

Meiner Schwiegertochter, vom verstorbenen Max, geht es nicht gut. Ihre beiden Mädel haben keine feste Arbeit und die Mutter ist meistens krank. Sie hat es am Magen. Da muss ich auch manches Mal aushelfen. Aber das schrieb ich dir bereits.

Auch, dass ich froh bin, schon so alt zu sein. Da habe ich nicht mehr so vieles vor mir.

Mich plagt, wie du weißt, meine Zucker-krankheit und die Hoffnung vollständige Gesundung habe aufgegeben.

Meine liebe Schwester, nun wünsche ich dir fröhliche Weihnachten und ein glückliches neues Jahr

deine dich liebende Schwester Henriette.

Adams, den 1. Juni 1932

Liebe Schwägerin Luise!

Da du am 11. Juni deinen Geburtstag feierst, möchten wir dir herzlich gratulieren. Wir hoffen, dass wir noch ein paar Jahre erleben mögen.

Wir haben einen so schönen Mai gehabt!

Täglich sehr warmer Sonnenschein.

Die Temperaturen lagen über 30 Grad in der Sonne.

Die Bäume waren mit Blüten übersät. Die Pfirsichbäume leuchteten rosarot.

*Luise Schroth um 1925, zweite von rechts*

Der Holunderduft erfüllte die Luft. Es war wie im Paradies. Aber jetzt haben wir kalte Nächte. Henriette hat den Garten bereits bepflanzt. Ich kann ihr nicht viel helfen, da ich immer so müde bin.

Jede Arbeit ist mir zu viel. Wir haben auch wieder Küken. Die wachsen gut.

Liebe Luise, wie geht es dir und deinen Kindern? Wie steht es bei euch um die Arbeit?

Bei uns ist es noch nicht besser.

Es gibt immer mehr Arbeitslose.

Die Verwaltung vom Adams wird jetzt Geld aufnehmen, um weitere Arbeitslose zu beschäftigen. Sie werden die Wege instandsetzten; davon haben alle etwas.

Unser Sohn Richard war sehr krank. Es geht ihm aber schon wieder besser.

Überall gibt es lebensmüde Menschen.

Allen würde es besser gehen, wenn Arbeit vorhanden wäre. Aber die Fabriken stehen still. Sie haben keine Aufträge.

Wir wissen nicht, was aus alldem noch werden wird. Da ich in lauter Klagen verfallen bin, werde ich jetzt lieber schließen.

Mit vielen tausend herzlichen Grüße an dich und deine Kinder verbleiben wir

deine Schwester Henriette und Wilhelm.


Adams, den 30. November 1932

Liebe Schwägerin Luise!

Deinen lieben Brief haben wir am 28. erhalten und freuen uns, dass ihr alle noch am Leben seid.

In dieser langen Zeit ist viel geschehen. Die Arbeitslosigkeit ist inzwischen noch viel schlimmer geworden. Jeder hofft auf den neuen Präsidenten. Hoover oder Roosevelt – Hauptsache ist jedoch, er hält endlich seine Versprechen ein. *

Die Leute wollen die Aufhebung des Alkoholverbots!

Einer ist für die Prohibition, der andere dagegen.

Wenn wieder Bier gebraut würde, hätten Tausende Arbeit.

Die ganze Welt ist an unserer Wahl am 8. 11. interessiert.

Aber das Schlimmste kommt erst noch!

Überall gibt es Unruhen!

Die Leute werden ungeduldig. Was wird, wenn das geborgte Geld ausgegeben ist und unser

Ort nicht mehr jeden unterstützen kann? Die Leute müssen entlassen werden und der Winter kommt!

Wir haben auch Mieter, die keine Miete zahlen können. Wenn der Monat herum ist, hat keiner Geld dafür. Eine unserer Wohnungen steht schon zwei Monate leer, nur weil sie keine Badestube hat.

Liebe Luise, der Sommer war sehr schön.

Viele Gewitter, aber eher zu wenig Regen gab es. Im Garten ist alles gut geraten. Wir können uns nicht daran erinnern, jemals einen solchen Überfluss an Obst gehabt zu haben. Die Bäume waren so überladen, dass die Äste gestützt werden mussten.

Ihr hättet davon so viel haben können, wie ihr wolltet. Wir haben fünfzehn Bäume. Auch unsere Beerensträucher waren so reich behangen.

Neunzig Kilo hat Henriette gepflückt. Da kannst du dir bestimmt vorstellen, wie viel Arbeit das war. Henriette kam zu nichts anderem als zum Einkochen.

*Weiter schreibt Henriette:*

Liebe Schwester, ja, Wilhelm hat Recht - das war zu viel Arbeit, zumal ich mich gerade nicht wohlfühle.

Mit meiner Zuckerkrankheit werde ich auch nicht fertig.

Etwas hat es sich allerdings gebessert.

Ich habe das Kardobenediktenkraut gepflanzt und mache mir davon Tee.

Wilhelm war auch krank, hat sich aber wieder erholt. Hoffentlich bleibt es so. Wir hatten ihn auf den Küchendielen liegend gefunden.

Wir dachten zuerst, der Schlag hätte ihn gerührt. Er erkannte uns nicht. Der Doktor sagte, er habe Verkalkung. Das Blut kommt nicht mehr durch. In deutsch kann ich es dir nicht besser erklären, in englisch weiß ich es.

Liebe Schwester, ich schicke dir eine Kleinigkeit zu Weihnachten. Kauf dir etwas davon.

In der Hoffnung, dass wir recht bald von euch hören, wünschen wir euch allen ein gesundes Weihnachtsfest und verbleiben

deine treue Schwester Henriette und Schwager Wilhelm.


*Herbert Clark Hoover war von 1929 bis 1933 Präsident der Vereinigten Staaten. Ab 1933 bis zu seinem Tode im Jahre 1945 bekleidete Franklin D. Roosevelt dieses Amt.*


Adams, den 15. 1. 1933

Liebe Schwägerin Luise!

Da wir schon so lange nichts von dir gehört haben, sind wir in Sorge, es könnte etwas geschehen sein. Über Weihnachten waren wir auch alle krank. Aber es geht uns jetzt wieder besser. Wir hoffen, dass du unseren Brief erhalten hast.

Wir hatten ganz vergessen für das Bild zu danken, das du uns geschickt hast. Henriette und du seht euch jetzt sehr ähnlich.

Nun Glückauf zum neuen Jahr!

Wir wollen hoffen, dass es besser gehen möge.

Heute ist ein schöner Sonntag. Die Sonne scheint freundlich und es liegt ein bisschen Schnee. Er taut. Das Wetter dieses Winters ist sehr wechselhaft, einem warmen Tag folgt ein kalter. Es ist so wechselhaft wie im April. Wir haben nicht so viel Schnee wie sonst. Da sind wir froh, denn das Schneeschaufeln ist immer eine schwere Arbeit. Auch dieser Winter wird vorüberziehen wie die letzten dreiundachtzig meines Leben. Wird er der letzte sein?

Wie ist der Winter in Westfalen?

Die Arbeitslosigkeit ist noch immer so hoch wie im vergangenen Jahr und wird auch noch lange so bleiben.

Tausende Leute sind krank, haben Krebs. In allen Körperteilen ist er vorhanden nur nicht im Herzen, denn sonst würden die kranken Menschen zu schnell sterben!

Kommen sie ins Hospital und wird ihnen alles herausgeschnitten, muss das teuer bezahlt werden. Wenn das Geld alle ist, so müssen sie doch sterben. Alles verschlingen das Hospital und der Doktor. Es gibt kaum eine Frau, die noch nicht im Hospital gelegen hat. So ist es im Land, wo Milch und Honig fließen.

Die Kinder werden alle im Hospital geboren. Nicht selten sterben die Wöchnerinnen, weil zu wenig geheizt wird.

Liebe Luise, wir wünschen dir ein glückliches neues Jahr. Wir wollen hoffen, noch ein paar Jahre gesund verleben zu können. Immer, wenn ich dir schreibe, denke ich, es könnte der letzte Brief sein.

Die Aussicht, dass der Frühling wiederkehrt, die Bäume blühen, lässt uns immer wieder neuen Mut fassen. Die Hoffnung auf bessere Zeiten lässt uns nicht zu Schanden werden.

Maple Grove Crossing, Adams, Mass.

Und einmal, wann weiß Gott allein,
wird Tag und Jahr zu Ende sein.
Vorbei sind Arbeit, Freud und Schmerz.
Still steht die Uhr, still unser Herz.

Es grüßen dich tausend Mal deine Schwester Henriette und Schwager Wilhelm.

*Henriettes Mann, Wilhelm Adam, und ihre Schwester Luise Schroth, geborene Tauch, sind inzwischen verstorben. So richten sich die weiteren Briefe von Henriette an ihre Nichte Emilie und deren Familie.*

Adams Mass., den 13. 4. 1935
Meine lieben Verwandten, euren lieben Brief habe ich erhalten und freue mich sehr darüber. Ihr müsst mich entschuldigen, da ich zum Briefeschreiben nicht viel tauge, weil Onkel Wilhelm mir das oft abnahm. Liebe Nichte, wir hatten in diesem Winter wieder viel Schnee, sodass ich häufig schippen musste. Ja, wenn euer Onkel noch gelebt hätte. Er fehlt mir sehr. Es gab doch noch so vieles, was er erledigen konnte.
Und vor allen Dingen war ich nicht immer allein!
Aber ich gönne ihm die Ruhe. Es ist besser so. Er hätte sich in das Heimleben nicht schicken können.
Liebe Nichte, bei uns steht es immer noch mit der Arbeit schlecht. Während einer Woche werden 40 Stunden gearbeitet und in der nächsten Woche wird gefeiert. Der Verdienst reicht nicht zum Leben. Bis jetzt habe ich ja immer die Miete bekommen, aber deiner Cousine Emma geht es nicht gut. Da muss ich

stets finanziell aushelfen.

Zwei Tage vor seinem Tod sagte der Onkel zu mir: "Mach es recht mit der Emma! Verlass sie nicht". Sie war sein Liebling. Die Jungen haben keine Kinder. Denen geht es besser. Richard ist ja nicht verheiratet. Der hilft seiner Schwester auch. Nun will ich mit dem Klagen aufhören.

Ich freue mich, dass es euch auch vergönnt ist, ein Eigenheim zu besitzen. Man sagt nicht umsonst: Eigener Herd ist goldeswert. Nun meine Liebe, lese ich mit Schrecken, dass die Franzosen und die anderen Lande schon wieder an Krieg denken.

Die Schulden vom letzten Krieg sind noch nicht bezahlt und schon wieder beginnt das Säbelrasseln. Amerika muss die ganzen Kriegsschulden bezahlen, deshalb ist unser Land so verschuldet. Das hat der verfluchte Wilson zu Wege gebracht, weil er Engländer war! Der Tod, den er starb, war noch viel zu gnädig für ihn! Das waren die Folgen seines liederlichen Lebens in Frankreich.*

Meine Lieben, ich glaube, der Hitler ist jetzt gerade der Mann, der sich nicht zwingen lässt. Von dem werden wir noch viel hören.** Warum fürchten sie sich denn vor Deutschland?

Ich wünsche mir, dass Deutschland das Verlorene wieder zurückbekommt.

Seit dem Waffenstillstand hat euer Land unendlich viel durchgemacht.

Es ist eine Schande für die ganze Welt! Aber die werden schon wieder einmal klein gemacht werden!

Am heutigen Tag ist es wieder kalt und es regnet. Da muss ich das Kohlefeuer anhaben.

Seit Februar habe ich hart gearbeitet. Ich habe die vier Zimmer meiner Wohnung tapeziert und gestrichen, denn als der Onkel noch lebte, ließ er es nicht zu.

Ich schließe in der Hoffnung, einmal wieder etwas von Euch zu hören.

Viele herzliche Grüße von eurer Tante Henriette mit Kindern.


*Woodrow Wilson war von 1913 bis 1921 der 28. Präsident der Vereinigten Staaten. 1917 traten die Vereinigten Staaten unter seiner Präsidentschaft in den Ersten Weltkrieg ein.*
*1919 erhielt er den Friedensnobelpreis. Im Oktober 1919 erlitt Wilson einen Schlaganfall und war halbseitig gelähmt. So war es schwer, seine Amtsgeschäfte wahrzunehmen.*
*Sein Nachfolger war ab 4. März 1921 Warren G. Harding.*

**Ab dem 30. Januar 1933 war Adolf Hitler Reichskanzler. Am 28. Februar 1933, am Tage nach dem Brand des Reichstages in der Nacht* *vom 27. zum 28. Februar, wurde die „Verordnung des Reichspräsidenten (Paul von Hindenburg) zum Schutz von Volk und Staat" verabschiedet. Es war, neben dem „Ermächtgungsgesetz" vom 24. März 1933, ein wichtiger Schritt zum Aufbau der Diktatur anstelle des bisherigen demokratischen Rechtsstaates.*

Adams Mass., den 25. Juli 1937
Liebe Verwandten!
Euren lieben Brief mit Geburtstagskarte habe ich freudig erhalten. Wie schön, dass du, liebe Nichte, an meinen Geburtstag gedacht hast. Meine Enkelkinder hatten mich an meinem Geburtstag abgeholt und da habe ich mich noch einmal aufnehmen lassen. Ein Foto schicke ich dir mit. Da siehst du, wie alt ich bin. Man kann nur froh sein, dass man mit neunundsiebzig Jahren noch gesund ist und kann die Arbeiten erledigen. Meine Nachbarn wundern sich immer, wie ich alles fertig bringe.
Das Grasschneiden ist eine harte Arbeit! Jetzt habe ich schon 35 Kilogramm Himbeeren geerntet. Und das ist nur die Hälfte. Alles steht gut im Garten. Ich säe immer noch Gurken, Mohrrüben, Tomaten, lege Bohnen und Kartoffeln. Auch Paradiesäpfel habe ich.
Es reicht für das ganze Jahr.

Liebe Emilie, wir haben jetzt sehr heiße Tage. Da halte ich mich am liebsten im Haus auf. Ich kann die Hitze nicht mehr vertragen.

Heute früh war ich auf dem Friedhof. Er liegt nur zehn Minuten Fahrzeit mit dem Automobil von meinem Haus entfernt. Ich hatte einen ganzen Korb voll Blumen mitgenommen. Wie würde sich Onkel Wilhelm freuen, könnte er sehen, wie schön sein Grab aussieht.

Er hat Blumen so geliebt!

Drei Tage war ich bei meiner Tochter zu Besuch.

Wir wohnen fünfzehn Meilen auseinander.

Mein Enkelsohn hatte mich geholt.

Mein Sohn Richard machte zwei Wochen lang Ferien an den Seen. Er ging zum Fischen. Er hat einen vierzig Zoll langen und zwölf Pfund schweren Fisch geangelt. Der wurde in einem Schaufenster ausgestellt. Fischen ist Richards Vergnügen.

Liebe Nichte, du wirst auch wieder viel Arbeit haben. Wenn man ein Haus besitzt, gibt es immer Arbeit.

Am 27. Juli werden es sechsundfünfzig Jahre, dass wir in Amerika angekommen sind.

Damals war ich dreiundzwanzig Jahre alt.

Es ist eine lange Zeit, wenn man daran zurückdenkt, was wir alles durchgemacht haben!

Am 4. Juli hatte ich Besuch aus New York.

Es waren zwei Geschwister, die als acht- und zweijährige Kinder damals mit auf dem Einwanderungsschiff waren.

Sie leben bereits 40 Jahre in New York.

Beide dachten, wir wären schon lange tot. Umso größer war die Freude, dass sie mich noch lebend antrafen. Durch Zufall erfuhren sie unsere Adresse.

Liebe Nichte, entschuldige die schlechte Schrift. Mit dem Schreiben will es nicht mehr recht gehen.

Meine Augen werden schwach.

Nun schließe ich mit herzlichen Grüßen eure euch liebende Tante Henriette Adam.

*Henriette Adam um 1937*

Adams Mass., 14. Dezember 1937

Liebe Verwandte, deinen Brief mit Foto habe ich erhalten und freue mich, dass ihr so schön gefeiert habt. Obwohl da viele unbekannte Gesichter zu sehen waren, kamst du mir, liebe Nichte, vertraut vor. Wenn man so liebe Briefe schreibt wie du, ist es doch, als würde man sich persönlich kennen.

Ich wünsche immer, ich könnte auch so gut schreiben. Du musst dich halt mit dem zufrieden geben, was ich kann.

Wir haben nicht so viel Schule gehabt, aber Onkel Wilhelm konnte auch gut schreiben. Von ihm habe ich es erst gelernt.

Liebe Nichte, viel Gutes kann ich dir nicht mitteilen. Bei uns geht es sehr schlecht.

Die vier größten Fabriken sind schon seit dem 1. September geschlossen. Da sind über 2000 Leute arbeitslos geworden.

Und die anderen Fabriken laufen auch nur die halbe Zeit. Mein Sohn Alfred, der die Bäckerei hatte, musste aufgeben. Er hatte nicht einmal sein Auskommen.

Meinem ältesten Sohn William wurde auch gekündigt. Er ist sechzig Jahre alt. Da werden die Leute entlassen.

Sechsunddreißig Jahre lang war er in seiner Firma beschäftigt. Da man erst mit fünfundsechzig Jahren Altersrente erhält, ist es sehr schwer für jene, die nichts gespart haben.

Die müssen fünf Jahre praktisch von der Luft leben.

Taconic Range, N. Y. and North Adams, Mass. from Western Summit, Mohawk Trail, Mass.—145

Mein Sohn Richard, der noch bei mir lebt, hat auch seit August keine Arbeit.
Und Miete bekommt man auch nicht.
Bei allen steht es nicht zum Besten. Wenn wieder Arbeit da ist, werden sie mich ja bezahlen. Ich habe aber auch nicht mehr so viele Ersparnisse. Über 4000 Dollar haben wir 1930 verloren.* Das war ein Schlag ins Kontor!
In letzter Zeit konnten wir kaum etwas sparen.
Da bin ich froh, dass mein Haus schuldenfrei ist, jedoch muss ich 148 Dollar Steuern dafür zahlen
Für Wasser bezahle ich 37 Dollar. Gerade gestern habe ich für fünf Jahre die Feuerversicherung beglichen. Das waren auch

56 Dollar. An Miete bekomme ich zwar 360 Dollar jährlich, aber wo bleibe ich mit den

*Silberhochzeit von Emilie und Leopold*

anderen Kosten? Ich habe Ausgaben für Holz, Kohlen, Gas, elektrisches Licht und Reparaturen.

Und leben will ich auch! So hoffe ich, dass mein Sohn recht bald wieder Arbeit findet.

Über 55 Kilogramm Himbeeren habe ich geerntet. Die Kartoffeln fielen nicht gut aus. Da war schon das Kraut verfault. Jedoch ist das andere Grünzeug gut gewachsen. Das hilft alles beim Haushalten. Richard geht oft zur Jagd. Dann kommt er meist mit einem Hasen heim.

Ich wünsche deiner Tochter und deinem Schwiegersohn viel Glück und Segen im neuen Ehestand. Aber vor allen Dingen Gesundheit für das junge Paar! Ich wollte den Beiden eine unverhoffte Freude bereiten. So habe ich eine schöne Bettdecke gearbeitet. Auf unserer Post wurde mir gesagt, dass im Deutschen Reich alle Pakete den Zoll durchlaufen müssen. So sollte ich den Wert der Decke beziffern. Bei der Post sagten sie, sie sei sechs Dollar wert. Danach hättet ihr vierundzwanzig Mark Zoll zu bezahlen. Das ist ja schrecklich viel! Ich werde den frisch Vermählten, wenn es wieder besser geht, etwas Geld schicken. Da sollen sie sich etwas zum Andenken an mich kaufen.

Gegenwärtig bin ich dazu nicht in der Lage. Ich werde es nicht vergessen, wenn ich nicht vorher abgerufen werde.

Dieses Jahr wird es für alle keine fröhlichen Weihnachten geben.

Die Leute haben kein Geld.

Die Geschäfte gehen schlecht und die Lebensmittel sind teuer.

Die Leute werden langsam unruhig!

Sie wollen Arbeit haben!

Wer weiß, was wir noch alles erleben müssen.

Liebe Nichte, eine meiner Enkeltöchter hat vor fünf Jahren einen Polen heiratet. Er ist ein hübscher junger Mann.

Sie haben ein vierjähriges Mädchen. Aber er ist nicht gut.

Letztes Jahr hat er einen Monat im Gefängnis gesessen. In diesem Jahr hat er wieder etwas in seiner Trunkenheit angestiftet. Dieses Mal

wird er wohl zwei bis vier Jahre Zuchthaus bekommen. Meine Enkelin lässt sich scheiden, wenn die Fabriken wieder laufen und sie Arbeit hat. Ich habe sie vor dieser Ehe gewarnt. Sie tut mir so leid, aber ich kann ihr nicht helfen. Sie ist dreiundzwanzig Jahre alt.
Liebe Emilie, ich legen dir einen Dollar für Briefmarken bei. Ich kann doch nicht verlangen, dass du immer Geld für mich ausgibst.
Jedes Mal bin ich glücklich, wenn ich wieder einen Brief bekomme.
Herzliche Grüße an dich und deine Lieben sendet dir deine Tante Henriette Adam.

*Die Weltwirtschaftskrise der späten 1920er und der 1930er Jahre fand ihren Anfang im New Yorker Börsencrash vom 24. - 25. Oktober 1929.*

Adams Mass., den 13. 3. 1938
Meine liebe Nichte und Verwandten,
deinen lieben Brief habe ich erhalten.
Ich fürchtete schon, er sei verloren gegangen.
Du schreibst, dass ihr den Winter schon hinter euch habt und die Schneeglöckchen bereits blühen.
Bei uns liegt noch viel Schnee in den Wäldern.
Da grünt es noch nicht und von Schneeglöckchenblühen sind wir noch weit entfernt.

Der Winter war gerade nicht sehr streng. Ich hatte es ja auch besser, weil mein Sohn zu Hause war. Das war gut, denn ich habe mich gar nicht wohl gefühlt. Ich bekomme immer Schwindelanfälle. Der Doktor sagt, die kämen vom Herzen. Es hält nun schon drei Wochen an. Darum schreibe ich dir bald, denn man kann nie wissen, wann man abgerufen wird.

Zwei meiner Söhne haben wieder Arbeit. Aber der Älteste, William, hat noch keine. Er wohnt nur wenige Minuten von mir entfernt und so kommt er jeden Morgen herüber und hilft mir. Seine Frau wäscht mir die Wäsche.

So kann ich faulenzen.

Die Fabriken laufen nicht voll. Es wird zwei bis drei Tage wöchentlich gearbeitet. Früher dachten die Leute, als sie sechs Webstühle zu beaufsichtigen hatten, sie hätten es schlecht. Jetzt müssen sie vierzig beaufsichtigen. Das ist die reinste Sklaverei! Da müsste mal jemand durchgreifen! Es wird Tag und Nacht gearbeitet und so viel produziert, dass bald die Werke wieder schließen werden! Trotzdem können die Leute nichts sparen.

Meine liebe Nichte, wenn meine liebe Mutter sehen würde, wie es hier in Amerika zugeht! Da saufen die jungen Mädel und Frauen mehr als die Männer, weil die Zukunftsaussichten düster sind. Das hat der Krieg verschuldet! Da vergeht einem die Freude am Leben.

Über meine Kinder und Enkelkinder kann ich mich wirklich nicht beklagen. Sie sind alle gut geraten.

Liebe Nichte, deine Mutter wird dir bestimmt so manches Mal erzählt haben, dass wir in unserer Jugend nicht auf Rosen gebettet waren.

Mutter und Vater gingen gemeinsam zur Feldarbeit. Ich kann mich noch sehr gut an die Großmutter erinnern. Sie musste immer auf uns aufpassen. Als sie starb, waren wir uns selbst überlassen. Nach Mutters Tod hat ein jeder auf uns herumgedroschen. Und zu essen gab es auch nicht viel. Da sind wir oft zu den Bauern gelaufen, wenn sie gerade das Schweinefutter gekocht hatten. Da haben wir Kartoffeln und Erbsen gemaust.

Liebe Emilie, du hattest Recht, dass du mich wegen des Dollars beleidigt hättest. Er soll doch für Briefmarken sein.

Im letzten Brief hatte ich dir von meiner Enkeltochter und deren Mann geschrieben. Der hat in seiner Trunkenheit ein sechzehn-jähriges Mädchen angefallen. Dafür ist er zu neun bis zwölf Jahren Zuchthaus verurteilt worden. Das Leben seiner Frau und seiner kleinen Tochter ist zerstört. Die ganze Angelegenheit hat mich so mitgenommen, dass ich krank wurde.

Nun zur Decke - hier in Amerika haben wir

breite und schmale Betten. Die breiten sind für zwei Personen. Was meinst du mit deiner Frage, ob es sich um eine Zweibettendecke handelt? Sie ist zweieinhalb Meter lang und zwei Meter breit. Gibt mir bitte bald Bescheid, damit ich sie dir schicken kann.

Liebe Emilie, hätte ich eine Bitte an dich: Weißt du, ob noch Verwandte von uns in Wüstewaltersdorf leben? Mein Sohn Wilhelm ist in Dorfbach geboren und in der evangelischen Kirche getauft worden. Er benötigt den Taufschein, um seinen Anspruch auf Altersrente durchsetzten zu können. Er ist am 15. November 1877 geboren. Seine Mutter ist Henriette Adam, geboren am 1. Juni 1858 in Hausdorf, Kreis Waldenburg. Sein Vater ist Wilhelm Adam, geboren am 24. März 1850 in Wüstewaltersdorf.

Die Kosten für die Bescheinigung werde ich dir selbstverständlich erstatten.

Mit vielen herzlichen Grüßen an dich und deine Lieben verbleibe ich

deine dich liebende Tante Henriette Adam.


Adams Mass., den 26. 4. 1938

Liebe Nichte nebst Angehörigen!

Deinen lieben Brief mit der Geburtsurkunde und dem Taufschein habe ich freudig erhalten. Ich wundere mich, wie schnell das gegangen ist. Mein Sohn Wilhelm und ich sagen dir vielmals Dank. Du hast nicht mitgeteilt, wie viel du ausgelegt hast.

Liebe Emilie, ich fühle mich jetzt etwas besser. Leider kann ich nicht mehr gut laufen. Im Haus geht es noch, aber sonst benötige ich einen Stock. Meine Beine wollen halt nicht mehr. Es ist ja auch kein Wunder.

Heute ist ein schöner Tag und man kann in der Sonne sitzen. Palmsonntag hatten wir jedoch einen Schneesturm und zwanzig Zentimeter Schnee. Bis jetzt war es immer so kalt, dass ich Kohlen feuern musste.

Im Garten haben wir noch gar nichts machen können. Die Himbeeren schlagen zaghaft aus. Dass ich noch welche davon verzehren werde, hoffe ich.

Mein Sohn Wilhelm hat noch immer keine Arbeit. So hält er alles bei mir in Ordnung. Seiner Frau geht es auch nicht gut. Sie kann kaum fort. Ihre Füße schmerzen. Sie ist erst vierundfünfzig. Wie soll es ihr erst ergehen, wenn sie so alt werden würde wie ich.

Ist es denn in Deutschland auch so, dass die Mädel Zigaretten rauchen? An mein Haus grenzt eine Schule mit zehn Jahrgängen. Da kann ich beobachten, wie die Mädchen in der Pause rauchen. Sie verstecken sich auf dem Stück zwischen dem Schulgebäude und meinem Holzschuppen. Sie sind etwa vierzehn Jahre alt. Das kann doch für solche Kinder nicht gesund sein! Wer hätte an rauchen gedacht, als wir zur Schule gingen. Wir waren froh, wenn wir ein Stück trockenes Brot zum Essen hatten.

Und das war gut so.

Die Jugend spart nichts! Es muss alles weg! Das kann doch nicht immer so weitergehen. Es ist nicht mehr schön.

Hier gibt es auch viele Gelegenheiten für Sommer- und Wintersport.

Liebe Nichte, bei euch ist es gelungen, Österreich und Deutschland zu vereinen, ohne einen Mann zu verlieren.*

So wird es euch auch gelingen, die ostafrikanischen Kolonien wieder sicher an Deutschland anzuschließen, wie auch die Sudetendeutschen.

*Großnichte Else mit Mann*

Bei mir wohnt eine Frau, die kommt aus dem Ungerland (Ungarn). Dort wohnen so viele Deutsche. Auch in Rumänien. Der Bruder meiner Mieterin schreibt ihr immer, dort sei „eine richtige Räuberbande" und so wünschen sie sich auch zu Deutschland zu gehören.

Liebe Nichte, ich schicke nun die Decke für deine Tochter. Sie ist etwas größer, als ich dir letztes Mal geschrieben habe. Die andere, mit Schmetterlingen, ist schon verkauft. Ich hatte beide auf Bestellung gearbeitet. Hoffentlich gefällt deiner Tochter diese. Das Quilten macht viel Arbeit, aber ich habe die Decke mit Liebe gefertigt.

Nun, liebe Nichte, mir hat jemand erzählt, dass alle von Deutschland abgehenden Briefe untersucht werden. Jeden deiner Briefe habe ich scheinbar ungeöffnet erhalten. Ich weiß aber von Briefen an andere, in denen vieles geschwärzt worden ist. Erhalten die Kinder bei euch auch Englischunterricht? Das haben Besucher erzählt, als sie aus Deutschland zurückkehrten. Ich kann das gar nicht glauben. Nun werde ich schließen.

In der Hoffnung, dass mein Hochzeitsgeschenk gut ankommt und es deiner lieben Tochter gefällt, verbleibe ich deine dich liebende

Tante Henriette Adam und Kinder.

Nochmals vielen Dank für deine Mühen.

Bitte schreibe gleich, wenn die Decke angekommen ist.

*\* Der Anschluss Österreichs an Deutschland erfolgte am 13. März 1938. Bereits einen Tag vorher übernahmen Wehrmacht, SS und Polizei das Kommando. Österreich ging sukzessive im Deutschen Reich auf.*

Adams Mass., den 15. 5. 1939
Liebe Emilie und Familie,
deinen Brief habe ich erhalten und freue mich sehr, etwas von euch zu hören. Der vergangene Winter war für mich sehr schlecht. Ich habe sechzehn Wochen im Bett zubringen müssen. Jetzt kann ich jeden Tag einige Stunden auf dem Stuhl sitzen. Die linke Hand kann ich nicht gebrauchen und die rechte ist auch noch steif. So kann ich noch nicht gut schreiben. Bei einem Sturz hatte ich mir den linken Arm schlimm zerschlagen.
Liebe Nichte, ich hatte fest damit gerechnet, dass ich dieses Mal abschieben würde, aber für mich war oben wohl noch kein Platz. Mehr als hundert Mal habe ich dafür gebetet, aber ich muss wohl noch warten.
Liebe Nichte, du schreibst, dass bei euch der Tod reiche Ernte hält. Bei uns ist das genauso. Immer im besten Alter von fünfzig bis fünfundfünfzig Jahren.

*von Henriette 1937-1938 hergestellter Quilt*

Wir hatten einen strengen Winter mit viel Schnee und harter Kälte. Ostern konnten wir noch nicht an Frühling denken, denn wir hatten einen Schneesturm.

Der Mai war bisher kalt.

Langsam schlagen die Bäume aus und wir wollen hoffen, dass die kalten Nächte bald vorüber sind.

In meinem Garten kann ich nichts mehr machen. Ich kann noch nicht einmal hineingehen, das Laufen will einfach nicht klappen. Man muss mich von einem Stuhl zum anderen geleiten.

In zwei Wochen werde ich zu meiner Tochter gebracht. Sie wohnt nur fünfzehn Meilen von uns entfernt. Da soll der Sommer Wunder an mir tun.

Seit Weihnachten ist die Mutter meiner Schwiegertochter bei mir. Die hat mich sehr gut gepflegt. Sonst wäre ich bestimmt nicht mehr.

Gestern war Muttertag. Da waren alle, bis auf Emma, bei mir. Da erlebte ich einige schöne Stunden im Kreise meiner Kinder. Essen hatten sie mitgebracht. Wenn ich doch nur laufen könnte, aber so bin ich gar nichts wert.

Liebe Nichte, wenn du in diesem Sommer nach Schlesien fährst, wirst du sicher auch Heinrich Tauch besuchen. Erkundige dich bei ihm, ob sein Bruder August nach Texas ausgewandert ist.

Meine Tochter hat einen Brief von Wilhelm Grosser aus Texas erhalten. Er schreibt, dass er bei seinem Besuch in Schlesien einen Verwandten von uns getroffen hätte. Von unserem Vater kann es eigentlich niemand sein. Er hatte nur zwei Brüder. Christian war kinderlos und Heinrich ist nach Texas ausgewandert.

Dann hatte Vater noch zwei Schwestern, Tante Christine war unverheiratet und die andere hatte drei Mädel. Ich bin die Einzige von uns, die in die USA ausgewandert ist.

Liebe Nichte Emilie, vielleicht ist das der letzte Brief, den ich dir schreiben können werde. *

Behalte mir ein gutes Andenken.

Nun möchte ich schließen. Lebt alle wohl.
Mit herzlichem Gruß von deiner Tante
Henriette Adam.


*Diese Vorahnung sollte sich als richtig erweisen. Es sollte der letzte Brief von Henriette Adam bleiben.*

*Der Beginn des Zweiten Weltkrieges machte einen Austausch zwischen den beiden Kontinenten, wie auch im Ersten Weltkrieg, unmöglich.*

*Der Tod ereilte sie am 10. Januar 1943.*

ADAMS, MASS., ST. THOMAS R. C. CHURCH

Adams Mass., den 16. 6. 1946
Liebe Freunde!
Euren lieben Brief haben wir erhalten, aber ich muss euch die traurige Mitteilung machen, dass unsere liebe Mutter am 10. Januar 1943 nach vielem Leiden gestorben ist.
Eure Tante war vier Jahre lang gelähmt und konnte sich nicht mehr allein helfen.
Wir wollen hoffen, dass ihr alle noch gesund seid. Das können wir gottlob auch von uns sagen. Unser Schwager, Emmas Mann, ist auch gestorben.
Ja, meine Lieben, ihr schreibt, dass ihr sehr viel durchgemacht habt.
Wir, in Amerika, können davon glücklicherweise nichts berichten. Wir haben immer noch unser Essen, unser Heim und unsere Arbeit.
Richard lebt ganz allein; er ist unverheiratet.
Nun werde ich schließen.
Wir hoffen, dass euch der Brief bei bester Gesundheit erreicht, so wie er uns verlässt.
Mit guten Wünschen verbleiben wir
Willi und Frau und Richard Adam.

Adams Mass., den 26. April 1948
Lieber Hartmut,
deinen lieben Brief mit der Osterkarte habe ich am 16. April erhalten. Ich habe mich sehr drüber gefreut.
Diesen Brief werde ich, so lange ich lebe,

aufbewahren, denn es war der erste von dir.
Onkel Richard bedankt sich für die Osterkarte.
Auch er hat sich sehr darüber gefreut.
Ich bin froh, dass du die geschickten Sachen
gut gebrauchen kannst.
Mein lieber Hartmut, was hat dir denn der
Osterhase im Garten ins Nest hineingelegt? Du
hattest doch nicht etwa acht oder zehn Nester
gebaut?
Das wäre zu viel Arbeit für den Hasen.
Ich bin ein wenig spät mit meinen Glückwün-
schen dran.
Aber ich gratuliere dir zu deinem neunten
Geburtstag und wünsche dir, dass du gesund
und munter bleibst, damit du die Reise mit
Oma und Opa nach Amerika machen kannst,
um uns zu besuchen.
Nun seid alle in weiter Ferne gegrüßt und
geküsst von Tante Selma und Onkel Willi.
Auch Onkel Richard grüßt euch alle herzlich.
Schreib bitte wieder einmal, damit man was
aus Deutschland hört.
Hier ist dein Geburtstagsspruch:

    Als ich heute früh erwachte
    und die liebe Sonne lachte,
    fiel mir der Gedanke ein,
    dass heute dein Geburtstag sei.

    Ach, hätt ich Gold und Edelstein,
    da schenkt ich dir ein Kleines.

Aber da ich das nicht habe,
gratulier´ ich dir zu diesem Tage.

Deine Tante Selma.

Adams Mass., den 13. April 1949
Meine liebe Cousine,
deinen lieben Brief vom 15. Februar habe ich
am 28. März erhalten und sage meinen besten
Dank. Wir ich lesen konnten, sind die
Zigaretten leider verloren gegangen. Die hatte
ich nicht oben drauf gelegt, hatte sie zwischen
der Kleidung versteckt. Aber, wer stehlen will,
der findet alles.
Wir machen uns so viel Mühe und Arbeit,
damit alles gut ankommt und die Menschen
haben nichts Besseres zu tun, als die Pakete zu
öffnen. Da kann man nichts machen. Der
Tabak ist eine eigene Währung geworden.
Wilhelm hat jedem etwas eingepackt.

Aus dem Paket für die Cousinen Hübner haben sie Zigaretten und Tabak genommen, während die Postsendung für Ida ungeöffnet ankam. Da hatte sie Glück.

Nicht so bei dem Paket, das Richard an unsere Cousine Ida schickte. Zigaretten und Tabak wurde auch da konfisziert.

Hat Hartmut nur einen Sweeter bekommen? Wir haben zwei geschickt und zwei Teile Unterwäsche sowie drei Paar Strümpfe!

Haben euch die Butter und die Einreibung gut erreicht?

Hoffentlich haben sie außer dem Tabakzeug nichts anderes herausgenommen.

Auf deine Frage nach meinem Schwager: Richard geht es gut! Um ihn braucht ihr euch nicht zu sorgen. Er wohnt allein in seinem Haus, versorgt sich selbst.

Emma ist nicht mehr bei ihm, es ging einfach nicht mehr mit den Beiden. Emma hat viel Wert auf gutes Essen gelegt, bei Brot, Fleisch und sonstigem viel entfernt und rausgeschnitten.

Richard hat es bei seiner Mutter anders gelernt.

Er hat einmal zu Emma gesagt: „Es ist kein Wunder, dass ihr kein Geld habt, wenn du so aast."

Richard wohnt mit drei Rentnern in seinem Haus. Er arbeitet in der Kalkfabrik. Das liebt er. Waschen und bügeln, kochen, alles kann er. Auch sein Haus hält er selbst sauber! Man merkt nicht, dass seine Mutter nicht mehr lebt. Er hat es schön. Allein zu sein liebt er. Heiraten wird er wohl nicht mehr.

Unsere Schwägerin Sadie lebt weiterhin mit ihrer Mutter zusammen in ihrem Haus. Ihnen geht es gut, aber ohne ihren Alfred ist sie doch

*Cousine Emilie und Leopold*

sehr einsam. Geld zum Leben hat sie genug und ein schönes Heim. Jetzt will sie sich einen elektrischen Ofen kaufen, damit ihre Mutter künftig keine Asche mehr ausnehmen muss.

Die Emma hat uns seit dem letzten Osterfest

noch nicht besucht. Wir sind froh, dass sie zumindest bei Richard war. Wir scheinen nicht gut genug zu sein. Wir sind nicht so großartig wie sie.

Wer´s lang hat, lässt´s lang hängen.

Liebe Emilie, ich wünsche mir, wir könnten einmal persönlich miteinander sprechen.

Da könnte ich dir was erzählen!

Wilhelm und ich sind zur Hochzeit in der Nachbarschaft eingeladen. Da heiratet die einzige Tochter am 23. April. Die Trauung findet um neun Uhr statt, anschließend beginnt die Feier. Meine Schwester mit Mann und Tochter sind auch eingeladen.

Wilhelm und ich haben den Osterputz im Haus schon erledigt, denn bald beginnt die Gartenarbeit.

Allein kann ich nichts mehr machen.

Meine Füße wollen einfach nicht besser werden. Auch kann ich mich nicht mehr bücken. Für heute habe ich dir den Kopf genug voll gemacht.

Mit vielen Grüßen an euch alle in weiter Ferne schließe ich.

Fröhliche Ostern wünschen euch Selma und Wilhelm Adam.

Grüße besonders deinen Mann, Else, Erich und Hartmut.

Wird Hartmut auch dieses Jahr wieder schöne Osternester bauen? Habt ihr die Kalender bekommen? Schreibt bitte recht bald wieder einmal.

Adams, den 12. Juni 1950
Ihr Lieben alle!
Am Sonnabend, dem 10. Juni, habe ich deinen lieben Brief erhalten. Ich habe mich sehr gefreut, wieder etwas von euch zu hören. Im April erhielt ich bereits einen Brief von dir, war aber nicht zu Hause, als er zustellt wurde. Ich besuchte für drei Monate meine Schwester. Meine Schwester und Schwager waren beide schwer krank - Herz und Nerven.

Zuerst lag meine Schwester im Krankenhaus. Ihr Zustand war bedenklich. Es war sehr schwer für meine Nichte und mich das anzusehen. Aber allmählich besserte sich ihr Zustand und so wurde sie Ostersonntag entlassen. In der folgenden Woche ist ihr Mann eingeliefert worden. Ich bin am letzten April-tag nach Hause gefahren.

Da war er noch im Krankenhaus.

So musste meine Nichte alles selbst besorgen.

Sie haben ein Zweifamilienhaus gekauft und sind gerade erst umgezogen. Meine Schwester liebte ihr bisheriges Haus nicht mehr, dabei war es sehr schön. Es fehlte an nichts! Aber, wenn man nicht weiß, was man will, geht man aufs Glatteis tanzen.

Ihnen ist es immer gut gegangen.

Jetzt haben sie viel Arbeit.

Da wird keine Zeit dafür sein, am Fenster zu stehen und den Nachbarn gute Ratschläge zu erteilen.

Meine Nichte hat ein hartes Los zu tragen. Sie sagte beim Abschied: „Tante, du fehlst dort! Du sagst denen wenigstens manchmal die Wahrheit!"

Zu Hause gab es viel Arbeit für mich. Ich musste Haus, Speisekammer und Keller reinemachen.

Was machen deine Silberdollar (Silbertaler)? Meine sind schon verblüht und beginnen zu trocknen, um Silberdollar zu werden. Dieses Jahr wird es viel Obst, Erdbeeren, Himbeeren und sonstiges geben. Auch die Vögel werden sich ihrem Teil holen.

Es tut mir sehr leid zu hören, dass Cousine Hübner so krank ist.

Hoffentlich geht es ihr inzwischen wieder besser.

Auch, dass es deinem Mann nicht gut geht, tut mir leid. Ich weiß am besten, wie schlimm der Schmerz ist, wenn man immerfort Reißen hat.

Nachts kann ich nicht schlafen. Mir schwellen die Füße um die Gelenke herum an. Das ist ein sicheres Zeichen, dass man es mit dem Herzen hat. Nun, der Tod muss eben einen Namen für die erkrankten Leute haben. Wenn er sich einstellt, bin ich jederzeit bereit zu gehen. Was hat man denn vom Leben, wenn es nicht mehr geht wie man möchte. Die Doktoren haben für uns Rheumaleute keine Hilfe.

Wie geht es deiner Schwester Ida? Schon sehr lange habe nichts von ihr gehört. Sind die noch alle gesund und munter? Herzliche Grüße an sie und ihre Familie. Was macht Hartmut? Er wird wohl bald Sommerferien haben. Die Ferien sind hier zehn Wochen lang und die Schule beginnt am ersten Dienstag im September wieder. Deinen und auch Hartmuts Geburtstag habe ich vergessen. Zu der Zeit hatte ich viel im Kopf, weil ich ja bei meiner Schwester war.

Darum gratuliere ich euch nachträglich recht herzlich.

Schreib mir doch bitte, wann Leopold und du vierzig Jahre verheiratet seid, damit ich euch eine schöne Glückwunschkarte senden kann.

Jetzt werde ich meinen Brief beenden.

Mit vielen Grüßen aus weiter Ferne auch an deine Tochter und Familie

verbleiben wir Selma und Willi Adam.

Gehst du dieses Jahr wieder in die Blaubeeren?

Schicke den nächsten Brief, wenn es geht, mit Luftpost, damit ich euren Hochzeitstag schneller erfahre.

Adams, den 5. Juli 1950

Ihr Lieben,

deinen lieben Brief vom 20. Juni habe ich am 24. erhalten.

Erstaunlich, dass er uns schon nach vier Tagen erreichte.

Das ist nur mit der Luftpost möglich.

Wie geht es euch? Hoffentlich seid ihr noch gesund!

Jetzt werdet ihr wohl im Garten fleißig sein. Bei uns ist es das Gleiche. Im Gemüsegarten stehen alle Sorten sehr gut. Da gibt es genügend Arbeit, weil vieles auf einmal zu ernten ist. Auch die Blumen blühen prächtig.

Wenn es regnet, gibt es eine Zwangspause.

Für Leopold habe ich eine Geburtstagskarte geschickt. Ich glaube, er hat im Juli Geburtstag. Leider kann ich den Brief nicht finden, in dem du mir alle Geburtstage mitgeteilt hast.

*Adams Mass.*

An einem Abend besuchten uns mein Schwager und meine Nichte.

Ihm geht es wieder besser, aber meine Schwester ist gemütskrank. Sie glaubt, dass die Menschen in ihrer Nachbarschaft viel Ärger machen, was nicht stimmt. Sie hat gute Leute um sich, aber sie sieht das anders.

Es ist hart, wenn man so fühlt wie sie.

Wie geht es Cousine Hübner?

Ist sie noch im Krankenhaus, oder geht es ihr schon besser?

Was macht Helmut? Fühlt er sich wieder gut?

Ich habe schon lange keine Antwort von Ida Deckert erhalten.

Hartmut wird jetzt Ferien und damit Zeit zum

Spielen haben.

Für heute will ich schließen. Beim nächsten Mal mehr. Willi geht zur Post, da kann er den Brief gleich mitnehmen.

Mit vielen Grüßen an euch alle, besonders an Else, Erich und Hartmut, verbleiben wir in weiter Ferne

Eure Cousine Selma und Cousin Willi Adam.

Schreibt bitte recht bald.

Adams, den 31. Januar 1951

Ihr Lieben!

Gleich zu Beginn möchte ich euch allen für die schöne Weihnachtskarte danken. Ich war sieben Wochen fort. Seit dem 14. Januar bin ich wieder von meiner Schwester zurück.

Ihr und ihrem Mann geht es wieder besser. Hoffentlich bleibt es auch so.

Der Winter ist hier sehr kalt. Wir haben seit einer Woche Temperaturen von minus 10 Grad.

Meine Schwester hat es schön warm. Das Haus hat eine Ölheizung. Da ist es in jedem Zimmer angenehm.

Sie haben ein schönes Heim mit jeweils sieben Zimmern in der unteren und oberen Etage. Es ist aus Ziegelsteinen. Am 1. Februar zieht eine Familie mit zwei Kindern bei ihnen ein. Der Mann hat ein Geschäft für Herrengarderobe. Dieses Jahr war ich nicht zu Weihnachten bei unserer Schwägerin Sadie. Willi und Richard waren allein dort und sind erst nachts um zwei Uhr nach Hause zurückgekehrt.

Sie hatten einen sehr geselligen Abend verlebt. Wie geht es deinem Mann?

Fühlt er sich besser? Das kalte Wetter hilft ja nicht gerade, wenn man Reißen hat.

Ich glaube, es gibt kein Mittel dagegen.

Hoffentlich geht es dir gut und du bist gesund. Das ist die Hauptsache.

Von Hartmut habe ich einen Brief zu Weihnachten erhalten. Darüber habe ich mich sehr gefreut. Besten Dank für die schöne Karte.

Du schreibst, dass ihr so hohe Steuern bezahlen müsst. Was glauben die denn, woher die armen Leute das Geld nehmen sollen? Danach wird nicht gefragt. Das ist jetzt eine Welt!

Mit dem kleinen Einkommen, das man hat, kann man bald nicht mehr auskommen.

Jetzt werde ich mein Schreiben schließen.

Mit vielen Grüßen von uns aus Amerika an euch alle verbleiben wir

Selma und William Adam.

Bitte grüße deine Tochter und Familie von uns. Wenn Hartmut Zeit hat, soll er wieder einen kurzen Brief schreiben.

Bleibt alle gesund und munter und lasst von euch hören.

Adams Mass., den 2. November 1951
Ihr Lieben! Vielmals danke ich euch für euren
Brief mit der schönen Geburtstagskarte.
Was macht ihr? Hoffentlich seid ihr gesund.
Bei uns ist alles wohlauf.
Auch meiner Schwester und ihrem Mann geht
es gut. Sie waren zu meinem Geburtstag bei
uns.
Gestern fiel der erste Schnee. Es soll noch
mehr schneien und es wird nachts kalt.

*Schwägerin Emma, ich (Selma) und mein
Mann Wilhelm, Schwägerin Sadie und Emmas
Sohn Walter*

Am 22. dieses Monats sind wir bei Emma zum
Mittagessen nach Pittsfield eingeladen.
Richard holt uns mit dem Auto ab.
Was macht Hartmut? Wie gefällt ihm die
Schule? Bald wird er Weihnachtsferien haben.

Hier sind sie zwei Wochen lang. Während der Zeit kann man etwas anstiften. Hat es geschneit, wird der Schlitten herausgeholt und auf einen hohen Berg gestiegen. Nach der frischen Luft schmeckt das Essen.

Im Garten ist jetzt nichts mehr zu tun. Da hat man Zeit zum Ruhen. Ab nächstem Jahr macht Willi den Garten nicht mehr.

Ich bin froh darüber.

Er wird am 15. vierundsiebzig Jahre alt, da ist des Zeit zum Aufhören.

Richard lebt jetzt besser. Er braucht nichts mehr zu machen, nur zur Arbeit zu gehen. Sonst ist alles fertig.

Entschuldige bitte meine schlechte Schrift.

Ich habe eine neue Brille. Da mein Augenlicht nicht mehr gut ist, muss ich die tragen.

Ich muss mich jedoch noch daran gewöhnen.

Viele liebe Grüße aus weiter Ferne senden euch allen Selma und Willi Adam.

Meine Schwester und ihr Mann fühlen sich jetzt besser in ihrem neuen Heim. Gesundheit ist doch die Hauptsache. Wir waren zum Geburtstag bei ihnen.

Bitte schreibe mir wieder einmal.


Adams Mass., den 4. August 1953
Liebe Familie Karn!
Ihren lieben Brief hat Wilhelm erhalten und sagt seinen besten Dank.

Es ist ja sehr schwer, Selma verloren zu haben.
Selma war über ein Jahr krank.
Im Haushalt konnte sie nichts mehr machen.
Ich habe Selma wie ein Kind bedient. Gern tat
ich es. Aber Gott hat es eben anders gewollt

*Wilhelm jun. und Selma Adam*

und hat Selma von ihrem Leiden erlöst.
Sie konnte nicht schlafen. Da saß sie die halbe
Nacht im Bett. Auch sehen konnte Selma nicht
mehr und somit nicht mehr schreiben.
Sie würde am 8. Oktober einundsiebzig Jahre.
Wie geht es euch gesundheitlich?

159

Mir geht es so leidlich.

Das Wetter ist bei uns gut. Wir hatten es immer sehr heiß. Regen fehlte. Ich hatte in diesem Jahr über 50 Kilogramm Himbeeren.

Herzlich grüßt euch alle Willi.

Das Foto zeigt Selma und mich.

P.S. Ich schreibe das auf englisch, denn Frau Schwartzer hat vergessen mitzuteilen, dass Sadie nicht wieder verheiratet ist.

Meinen Geschwistern Richard und Emma geht es gut. Emma lebt in Pittsfield, 16 Meilen von Adams entfernt.

Meiner Schwägerin Clara, Selmas Schwester, in Schenectady, und ihrer Tochter Rae geht es ebenso gut. Aber zur Zeit sieht es bei ihrem Mann schlecht aus.

Er hatte einen Nervenzusammenbruch.

Die besten Grüße an alle von

Wilhelm Adam.


Adams, im Dezember 1957

Hallo Hartmut,

du musst inzwischen ein junger Mann sein.

Kannst du mir sagen, wo deine Tante Ida Deckert lebt. Zum letzten Weihnachtsfest schickte ich ihr eine Karte, aber die kam zurück mit dem Hinweis - unbekannt.

Zu deiner Frage: Adams ist eine kleine Stadt mit fünfzehntausend Einwohnern. Die Stadt liegt in einem Tal mit Gebirgen an beiden

Seiten.

Sag deiner Großmutter, ich erhielt ihren letzten Brief und die Geburtstagskarte. Richte ihr meinen Dank aus.

Ich muss dir in englisch schreiben, weil Frau Schwartzer, die für mich in deutsch übersetzte, den Winter in Florida verbringt. Bitte übersetzte diesen Brief deiner Großmutter.

Du schreibst ein sehr gutes Englisch.

Sechs Wochen lang hatte ich die Grippe, aber jetzt geht es mir wieder besser.

Ich sende dir einen Dollar zu Weihnachten. Hoffentlich bekommst du viele Geschenke!

Viele Grüße an euch alle,

dein Onkel Bill Adams.


Adams Mass., den 3. Dezember 1958

Liebe Emilie und Familie,

Deinen Brief und die Geburtstagskarte habe ich erhalten und sage herzlichen Dank dafür. Ich schreibe diesen Brief in englisch, weil Frau Schwartzer nicht in meiner Nähe lebt. Und ich kann nicht mehr viel hinausgehen.

Im letzten Juli hatte ich eine Herzattacke. Ich lag neunzehn Tage im Krankenhaus. Es kostete 360 Dollar. Das ist viel Geld! Es ist hier in Amerika teuer, wenn man krank wird.

An meinem letzten Geburtstag wurde ich einundachtzig Jahre alt. Ich fühle mich jetzt sehr gut, aber ich muss alles sehr leicht nehmen, jedem Ding seine Zeit geben.

Gott sei Dank kann ich noch gut sehen und hören. Und ich kann noch selbst auf mich achten.

Leider musste ich von dir hören, dass du viel Unglück hattest. Selbst in einen guten Leben kann nicht alles Sonnenschein sein.

Dieser Sommer war nicht sehr gut. Viel Regen und kaltes Wetter. Nun steht der Winter vor der Tür. Ich hasse ihn. Aber wir müssen es hinnehmen. Die Zeiten sind hier schlecht.

Viele Leute sind arbeitslos. Eine große Baumwollspinnerei wurde geschlossen.

Dreitausend Leute waren ohne Arbeit. Es war für Adams sehr schlecht! Aber wir haben zwei Papierfabriken und eine Druckerei, zwei Stofffabriken und andere kleine Unternehmen. Vielleicht startet jemand die Baumwollwebereien wieder.

Meiner Schwester Emma und Bruder Richard geht es gut. Richard half mir draußen sehr viel. Er ist sehr gut zu mir. Ich wüsste nicht, was ich während meiner Krankheit ohne seine Hilfe getan hätte.

Vielleicht wird dir Hartmut diesen Brief vorlesen.

Ich möchte mit den Wünschen für ein frohes Weihnachtsfest und ein gutes neues Jahr schließen.

In Liebe, euer Wilhelm C. Adam.

*Hier reißt der Kontakt ab. Wilhelm, William,*
*Willi oder Bill Adam verstarb im Februar*
*1964.*

**Anhang:**

*Henriettes siebzigster Geburtstag 1928*

*Henriette Adam,* geb. Tauch ist am 1. 6. 1858 geboren und in Adams am 10. 1. 1943 gestorben.

*Henriette*

*Wilhelm Carl Adam sen.,* ihr Mann, ist am 24. 3. 1850 geboren und zwischen 1933 und April 1935 gestorben.

*Wilhelm sen.*

**Deren sieben Kinder sind:**

**1)** *Wilhelm Carl Adam jun.* ist am 15. 11. 1877 in Dorfbach/Schlesien geboren und am 9. 2. 1964 verstorben.
Er war seit 1908 mit *Selma Martha Heinzel* verheiratet.
Sie ist am 8. 10. 1882 geboren und 1953 verstorben. Seit 11. 2. 1924 ist er Mitglied der Freimaurerloge „Lodge Berkshire"

*Wilhelm jun.    Selma*

**2)** *Maximilian (Max) A. Adam* ist am 5. 4. 1883 geboren und am 19. 7. 1930 verstorben.
Seine Witwe heißt *Alma*. Sie ist eine Geborene *Stoeber* und ist etwa 1886 geboren. Ihre Ehe wurde 1908 geschlossen.

Daraus gingen zwei Töchter hervor: *Hazel Irene* wird am 16. 5. 1910 geboren. Sie ist in erster Ehe mit dem polnischstämmigen *Dzoik* verheiratet. Er wird wegen Notzucht verurteilt. Sie heiratet 1951 erneut und verstirbt am 12. 6. 1991 als *Hazel Irene Singer*.

*Ethel Emma* wird am 11. 11. 1913 geboren. Sie heiratet einen Herrn *Jura* und wird von ihm geschieden. In zweiter Ehe heiratet sie *Theodore Louis Bazinet*.

*Ethel Bazinet* verstirbt am 16. 9. 2009 in Adams. *Theodore Louis Bazinet* ist am 21. 7. 1922 geboren und ist am 9. 11. 2006 verstorben.

*Ethel* hat aus erster Ehe eine Tochter mit Namen *June Ethel Jura*. Diese wird am 6. 9. 1933 geboren und verstirbt am 6. 9. 2017. *June Ethel Jura* hat am 10. 10. 1953 *John E. Meehan* geheiratet. Er ist am 9. 2. 1933 geboren und am 12. 12. 1988 verstorben.

**3)** *Clara E. Adam* - Eltern sind William Adam und Henriette. Clara ist am 7. Februar 1888 in North-Adams geboren. Es gibt keine weitere Informationen über sie.

**4)** *Alfred Richard Adam* ist am 22. 9. 1889 geboren und im Jahre 1948 gestorben. Verheiratet ist er mit *Sarah M.* – genannt *Sadie* – geborene *Allen* seit dem 4. Mai 1914 .

Er ist bis 1937 selbstständiger Bäcker. Ab dem 27. 10. 1919 gehörte er der Freimaurerloge „Lodge Berkshire" an.

*Alfred*      *Sarah*

**5)** *Richard Emil Adam* ist am 31. 8. 1891 in North-Adams geboren und am 23. 12. 1975 verstorben. Er ist seit dem 17. 4. 1922 Mitglied der Freimaurerloge Loge Berkshire. Von Beruf ist er Chauffeur. Vermutlich blieb er unverheiratet.

*Richard*

**6)** *Emma W. Adam* wird am 15. 9. 1893 geboren. Sie hat zwei Mal geheiratet.
Sie stirbt am 30. 11. 1976 als *Emma Young*. Ihr zweiter Ehemann heißt *Arthur Young* und ist etwa 1881 geboren. Der Sohn aus dieser Ehe heißt *Robert Arthur Young* .
Er ist am 4. 11. 1927 geboren und am 20. 2. 2005 verstorben.

Aus der ersten Ehe gibt es Sohn *William Wallace*, geboren am 10. 1. 1913 – Tochter *Dorothy Eleonor Wallace*, geboren 1917 und *Walter Nelson Wallace*, geb. am 24. 5. 1920.

Er ist seit dem 13. 3. 1946 Mitglied der „Lodge Mystic", die er am 10. 4. 1951 verlässt, da er mit unbekanntem Ziel verzieht. Später lebt er wieder in Pittsfield mit *Mildred C. Wallace*. Er stirbt am 15. 10. 1985.

Der erste Mann von Emma heißt *Walter H. Wallace*. Er wird etwa 1890 geboren und ist 1922 verstorben. Geheiratet haben *Emma* und *Walter Wallace* am 13. 4. 1912..

*Emma Dorothy Walter Arthur*
*Young Wallace Wallace Young*

**7)** *Walter Ewald Adam* ist am 16622. März 1899 geboren und am 10. 9. 1912 verunglückt. Er ist vom Auto überfahren worden.